目 次

ページ

序文 ··· 1
1 適用範囲 ··· 1
2 引用規格 ··· 1
3 用語及び定義 ·· 1
3.1 構造 ·· 2
3.2 特性・性能 ·· 3
4 使用状態 ··· 7
4.1 常規使用状態 ··· 7
4.2 特殊使用状態 ··· 8
5 定格・特性 ·· 9
5.1 定格・特性及び規定項目 ··· 9
5.2 定格の基準条件(温度条件) ·· 9
5.2.1 コレクタ電流定格条件 ·· 10
5.2.2 コレクタ・エミッタ間電圧定格条件 ··· 10
5.2.3 ゲート定格条件 ··· 10
5.3 電気的定格 ··· 10
5.3.1 定格コレクタ・エミッタ間電圧 ··· 10
5.3.2 定格ゲート・エミッタ間電圧 ·· 10
5.3.3 定格コレクタ電流 ·· 10
5.3.4 定格ゲート静電耐量 ··· 10
5.3.5 定格コレクタ損失 ·· 10
5.3.6 順バイアス安全動作領域 ··· 10
5.3.7 逆バイアス安全動作領域 ··· 10
5.3.8 短絡耐量 ··· 10
5.4 温度定格 ·· 10
5.4.1 定格接合温度 ··· 10
5.4.2 定格保存温度 ··· 10
5.5 電気的特性 ··· 11
5.5.1 コレクタ・エミッタ間遮断電流 ··· 11
5.5.2 ゲート・エミッタ間漏れ電流 ·· 11
5.5.3 コレクタ・エミッタ間飽和電圧 ··· 11
5.5.4 コレクタ・エミッタ間サステーニング電圧 ·· 11
5.5.5 ゲート・エミッタ間しきい値電圧 ·· 11
5.5.6 入力容量 ··· 11
5.5.7 帰還容量 ··· 11
5.5.8 出力容量 ··· 11
5.5.9 ゲート電荷量 ··· 11

(1)

JEC-2405：2015　目次

5.5.10	内部ゲート抵抗 ··	11
5.5.11	抵抗負荷スイッチング時間及びスイッチング損失エネルギー ····················	11
5.5.12	誘導負荷スイッチング時間及びスイッチング損失エネルギー ····················	12
5.6	熱的特性 ··	14
5.6.1	熱抵抗 ··	14
5.6.2	過渡熱インピーダンス ··	14
5.7	機械的定格 ··	14
5.7.1	端子に関する強度定格 ···	15
5.7.2	取付けに関する強度定格 ··	15
6	試験 ··	16
6.1	一般 ··	16
6.1.1	試験の種類 ··	16
6.1.2	常規試験及び形式試験の実施方法 ···	16
6.1.3	標準試験条件 ··	16
6.1.4	試験の記録 ··	17
6.1.5	取扱いの注意事項 ···	17
6.2	試験項目 ··	17
6.3	電気的定格試験 ···	19
6.3.1	コレクタ・エミッタ間電圧試験 ··	19
6.3.2	ゲート・エミッタ間電圧試験 ··	20
6.3.3	コレクタ電流試験 ···	21
6.3.4	ゲート静電耐量試験 ··	23
6.3.5	逆バイアス安全動作領域試験 ··	24
6.3.6	短絡耐量試験 ··	25
6.4	電気的特性試験 ···	26
6.4.1	コレクタ・エミッタ間遮断電流試験 ··	26
6.4.2	ゲート・エミッタ間漏れ電流試験 ···	27
6.4.3	コレクタ・エミッタ間飽和電圧試験 ··	28
6.4.4	コレクタ・エミッタ間サステーニング電圧試験 ···	29
6.4.5	ゲート・エミッタ間しきい値電圧試験 ···	31
6.4.6	入力容量試験 ··	32
6.4.7	帰還容量試験 ··	33
6.4.8	出力容量試験 ··	34
6.4.9	ゲート電荷量試験 ···	35
6.4.10	内部ゲート抵抗試験 ··	36
6.4.11	抵抗負荷スイッチング試験 ···	37
6.4.12	誘導負荷スイッチング試験 ···	37
6.5	熱的特性試験 ··	41
6.5.1	熱抵抗試験 ··	41
6.5.2	過渡熱インピーダンス試験 ···	42

(2)

6.6 電気的耐久性試験 ···	45
6.6.1 高温逆バイアス試験 ··	45
6.6.2 高温ゲートバイアス試験 ··	46
6.6.3 断続動作寿命試験（方法 **A**）···	47
6.6.4 断続動作寿命試験（方法 **B**）···	48
7 表示 ··	49
附属書 **A**（規定）　抵抗負荷回路用 **IGBT** の定格・特性項目及び抵抗負荷スイッチング試験 ·········	50
附属書 **B**（参考）　順バイアス安全動作領域試験 ··	54
附属書 **C**（参考）　コレクタ・エミッタ間降伏電圧試験 ··	59
附属書 **D**（参考）　断続動作寿命試験の断続動作サイクル数と接合温度変化幅の推奨動作領域 ······	61
附属書 **E**（参考）　冷却方式の種類及びその定義 ··	62
附属書 **F**（参考）　電気用図記号と文字記号 ···	63
附属書 **G**（参考）　絶縁ゲートバイポーラトランジスタの定格・特性名称と文字記号 ··············	64
附属書 **H**（参考）　**JEC-2405：2015** と **JEC-2405：2000**（追補 **1** を含む）との対応表 ···········	66
解説 ···	72

JEC-2405：2015

まえがき

　この規格は，パワー半導体モジュール標準特別委員会において 2012 年 1 月に制定改正作業に着手し，慎重審議の結果，2015 年 1 月に成案を得て，2015 年 7 月 23 日に電気規格調査会規格委員総会の承認を経て制定した，電気学会電気規格調査会標準規格である。これによって，**JEC-2405：2000** は改正され，この規格に置き換えられた。

　この規格は，一般社団法人電気学会の著作物であり，著作権法の保護対象である。

　この規格の一部が，特許権，出願公開後の特許出願，実用新案権，又は出願公開後の実用新案登録出願に抵触する可能性があることに注意を喚起する。一般社団法人電気学会は，このような特許権，出願公開後の特許出願，実用新案権，又は出願公開後の実用新案登録出願に関わる確認について，責任をもたない。

電気学会　電気規格調査会標準規格

JEC
2405 : 2015

絶縁ゲートバイポーラトランジスタ

Insulated gate bipolar transistors

序文

この規格は，絶縁ゲートバイポーラパワートランジスタについての用語及び定義，使用状態，定格・特性，試験などを規定した電気学会電気規格調査会標準規格である。

2000 年版に対して主に次の技術的変更を行うとともに 2012 年に改正された "**JEC** 規格票の様式" に従って改正した。

a) JEC-2405：2000 追補 1：2006-01 の規定の反映。

b) **5** 定格・特性及び **6** 試験における次の改正。

1) **5.5.6** 入力（静電）容量，**5.5.7** 帰還（静電）容量，**5.5.8** 出力（静電）容量の規定を **JEC－2406－2004** の **4.5.8**，**4.5.9** 及び **4.5.10** に従って改正。

2) **6.4.12.1** ターンオン時間試験及びターンオン損（失）エネルギー試験，**6.4.12.2** ターンオフ時間試験及びターンオフ損（失）エネルギー試験の規定を，**IEC 60747-9**：**2007** の **6.3.11** と **6.3.12** のスイッチング特性及びスイッチング損失エネルギー測定に準拠して改正。

3) **6.4.6** 入力（静電）容量試験，**6.4.7** 帰還（静電）容量試験，**6.4.8** 出力（静電）容量試験の規定を **JEC-2406**：**2004** の **5.4.6**，**5.4.7** 及び **5.4.8** に従って改正。

c) JEC-2410-2010（半導体電力変換装置）の **3.** 使用状態から半導体デバイスに共通して適用できる規定を **4** 使用状態に導入。

d) JEC-2406：2004 の **5.6** 及び **IEC 60747-9**：**2007** に準拠した電気的耐久試験に関する規定の追加。

1　適用範囲

この規格は，半導体電力変換装置などにおいて，半導体バルブデバイスのように半導体スイッチとして動作し，変換接続の一部又は全部として使用される絶縁ゲートバイポーラトランジスタ（**3.1.6** 参照）に適用する。

2　引用規格

次に掲げる規格は，この規格に引用されることによって，この規格の規定の一部を構成する。これらの引用規格は，その最新版（追補を含む。）を適用する。ただし，引用した規格の箇条番号は，次に記載する版によった。

JEC-2403：**1996**　逆阻止三端子サイリスタ
JEC-2406：**2004**　MOS 形電界効果パワートランジスタ
JEC-2410：**2010**　半導体電力変換装置

3　用語及び定義 [a]

この規格で用いる主な用語及び定義は，**JEC-2406**：**2004**（MOS 形電界効果パワートランジスタ）に準拠するほか，次による。

注 [a]　以下の各箇条に用いる定義及び文字記号については，**附属書 G** を参照。

JEC-2405：2015

3.1 構造

3.1.1

pn 接合

単結晶半導体内部で電気的性質の異なる p 形領域と n 形領域の間の遷移部分（**図1**参照）。

3.1.2

チャネル部

IGBT（**3.1.6** 参照）において，ゲート・エミッタ間電圧の印加によって形成される電流通路（**図1**参照）。

3.1.3

コレクタ又はコレクタ端子

IGBT において，主電流が流れ込む部分又は端子。

3.1.4

エミッタ又はエミッタ端子

IGBT において，主電流が流れ出す部分又は端子。

3.1.5

ゲート又はゲート端子

IGBT において，制御電圧を印加する部分又は端子。

3.1.6

絶縁ゲートバイポーラトランジスタ

図1に示すように，pnpn の4層構造による三つの pn 接合を包蔵し，コレクタ，エミッタ及びゲートの3端子をもち，ゲートは半導体にチャネル部を形成するように絶縁層を挟んで設置され，エミッタはチャネル部を形成する半導体層及びこれに接する外側半導体層の両方に接続され，コレクタは他方の外側半導体層に接続され，コレクタとエミッタの間に流れる電流がゲート・エミッタ間電圧によって制御されることによってスイッチングを行うパワー半導体デバイス。この規格では，IGBT（<u>I</u>nsulated <u>G</u>ate <u>B</u>ipolar <u>T</u>ransistors）と呼ぶ。

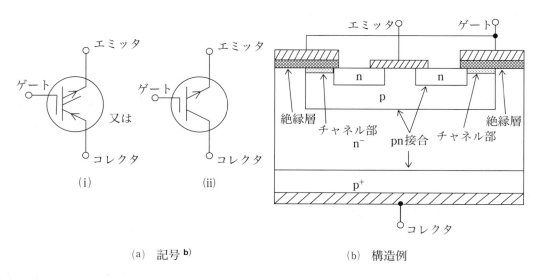

(a) 記号 [b]　　　(b) 構造例

図1―絶縁ゲートバイポーラトランジスタの記号及び構造例（n チャネル IGBT）

注 [b]　JIS C 60617-5 では(i)の記号を定めているが，IEC 60747-9 で許容されたとおり，この規格では

(ii)の図記号を試験回路に用いる。

図1に示す例は，エミッタ側のp領域の表面にn形のチャネルが形成されるのでnチャネルIGBTと呼ぶ。このほか，上記のpnpn4層構造のpとnとを逆にした構成で，エミッタ側のn領域の表面にp形のチャネルが形成されるpチャネルIGBTがある。実用化されているIGBTのほとんどがnチャネルIGBTであり，この規格ではこれに限定して示すが，適用範囲にはpチャネルIGBTも含める。

3.2 特性・性能

3.2.1

遮断領域（遮断状態）

IGBTにおいて，ゲート・エミッタ間が短絡又は逆バイアス状態（**3.2.6** 参照）で，コレクタ・エミッタ間電圧を変化させてもコレクタ電流が流れないか又は極めて小さい領域，又はコレクタ電流が極めて小さい状態（**図2** 参照）。

3.2.2

能動領域（能動状態）

IGBTにおいて，ゲート・エミッタ間が順バイアス状態（**3.2.5** 参照）で，コレクタ・エミッタ間電圧を変化させてもコレクタ電流が変化しないか又はその変化が極めて小さい領域，又はその変化が極めて小さい状態（**図2** 参照）。

3.2.3

飽和領域（飽和状態）

IGBTにおいて，ゲート・エミッタ間が順バイアス状態で，ゲート・エミッタ間電圧を変化させてもコレクタ電流が変化せず，主にコレクタ・エミッタ間電圧によってコレクタ電流が変化する領域又はコレクタ電流が変化する状態（**図2** 参照）。

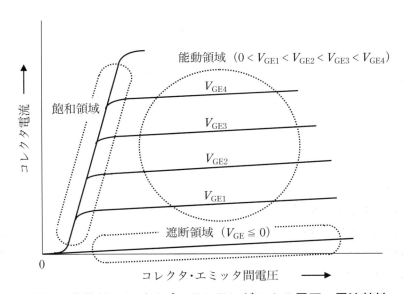

図2－絶縁ゲートバイポーラトランジスタの電圧－電流特性

3.2.4

ラッチング動作（ラッチング状態）

IGBTにおいて，ゲートが制御能力を失い，コレクタ電流が連続して流れてしまう動作又は連続して流れてしまう状態。

3.2.5

順バイアス状態

ゲートの電位がエミッタの電位より高い状態。このとき，ゲート・エミッタ間電圧を順バイアス電圧という。

3.2.6

逆バイアス状態

ゲートの電位がエミッタの電位より低い状態。このとき，ゲート・エミッタ間電圧を逆バイアス電圧という。

3.2.7

コレクタ電流

コレクタに流れる電流。

3.2.8

テイル電流

テイル時間（**5.5.12.7** 参照）におけるコレクタ電流。

3.2.9

コレクタ・エミッタ間電圧

コレクタ・エミッタ間の電圧。

3.2.10

ゲート・エミッタ間電圧

ゲート・エミッタ間の電圧。

3.2.11

コレクタ・エミッタ間サステーニング電圧

誘導負荷において，ターンオフ時に印加されるコレクタ・エミッタ間の電圧。

3.2.12

コレクタ・エミッタ間降伏電圧

ゲート・エミッタ間を短絡した状態でコレクタ・エミッタ間電圧を増加させたとき，コレクタ電流が急に増加するところのコレクタ・エミッタ間電圧。

3.2.13

コレクタ損失 [c]

コレクタ・エミッタ間で消費される電力（W）。

> **注記** 電力は電流による単位時間当たりの仕事であり，単位はワット（W）で 表示される。消費エネルギー量又は損失エネルギー量（J）が，短時間当たりのパルス積分電力量（J）である。
>
> **注** [c] この規格の第 1 版では損失を損（失）と表記していたが，この版では **JEITA ED-4562A：2000** に従って（失）の（ ）を省略して損失と表記する。

3.2.14

ゲート静電耐量

ゲート・エミッタ間に印加される静電電圧に対する耐量。

3.2.15

順バイアス安全動作領域

ゲート・エミッタ間を順バイアス状態にしたとき，安全に動作できるコレクタ電流及びコレクタ・エ

ミッタ間電圧の領域。

3.2.16
逆バイアス安全動作領域

コレクタ電流を流している状態からゲート・エミッタ間に逆バイアス電圧を加えたとき，安全にターンオフできるコレクタ電流及びコレクタ・エミッタ間電圧の領域。

3.2.17
短絡耐量

負荷短絡時に非繰返しパルスで許容できるコレクタ・エミッタ間電圧，ゲート・エミッタ間電圧（順バイアス）及びそのパルス幅。通常はゲート・エミッタ間電圧パルス幅を規定値とする。

3.2.18
コレクタ・エミッタ間飽和電圧

コレクタ・エミッタ間の飽和状態での電圧。

3.2.19
コレクタ・エミッタ間遮断電流

遮断状態でコレクタ・エミッタ間に電圧を印加したときにコレクタに流れる電流。

3.2.20
ゲート・エミッタ間漏れ電流

ゲート・エミッタ間に電圧を印加した状態でゲートに流れる電流。

3.2.21
ゲート・エミッタ間しきい値電圧

コレクタ・エミッタ間に電圧を印加した状態でゲート・エミッタ間の電圧を徐々に増加させた場合に，コレクタ電流が流れ始めるとき（しきい値領域）のゲート・エミッタ間電圧。

3.2.22
入力容量 [d]

ゲート・エミッタ間の静電容量。

> 注 [d]　この規格の第 1 版では容量を（静電）容量と表記していたが，この版では **JEITA ED－4562A：2000** に従って（静電）を省略して容量と表記する。

3.2.23
帰還容量

ゲート・コレクタ間の静電容量。

3.2.24
出力容量

コレクタ・エミッタ間の静電容量。

3.2.25
ゲート電荷量

ゲート・エミッタ間に印加する電圧によってゲートに誘起される電荷量。

3.2.26
内部ゲート抵抗

IGBT のゲート内部に直列に存在する抵抗。

6

JEC-2405：2015

3.2.27

スイッチング時間

ゲート・エミッタ間電圧をステップ的に上昇又は降下させて IGBT を遮断領域から飽和領域又は飽和領域から遮断領域に移行させるときの，コレクタ電流及びコレクタ・エミッタ間電圧の過渡応答時間。

3.2.28

ターンオン時間

ゲート・エミッタ間電圧を逆バイアスされた状態から順バイアス状態に移行させて，遮断領域から飽和領域に移行するときの過渡状態の時間。

注記　この時間の始点と終点の規定が抵抗負荷による試験と誘導負荷による試験とでは異なるので，注意が必要である（**附属書 A の図 A.2 及び 6.4.12 の図 27 を参照**）。

3.2.29

ターンオフ時間

ゲート・エミッタ間電圧を順バイアスされた状態から逆バイアス状態に移行させて，飽和領域から遮断領域に移行するときの過渡状態の時間。

注記　この時間の始点と終点の規定が抵抗負荷による試験と誘導負荷による試験とで異なるので，注意が必要である（**附属書 A の図 A.2 及び 6.4.12 の図 29 を参照**）。抵抗負荷スイッチング条件動作と誘導負荷スイッチング条件動作とでは上記のように指定の時間が異なるので，ここでは，遅延時間，上昇時間，下降時間などの時間の指定についての記述は省略する。

3.2.30

スイッチング損失

ターンオン又はターンオフする際にコレクタ・エミッタ間で消費される電力（W）。

注記　ターンオン又はターンオフする際に消費される電力であり，単位はワット（W）で表示される。コレクタ損失の時間積分量とは異なる。

3.2.31

スイッチング損失エネルギー

ターンオン又はターンオフする際に消費される損失エネルギーであり，スイッチング損失の時間積分値（J）。

3.2.32

ターンオン損失エネルギー

ゲート・エミッタ間電圧を逆バイアス又はゼロバイアスされた状態から順バイアス状態に移行させて，遮断領域から飽和領域に移行させる間の過渡状態のコレクタ損失の積分値（J）。

3.2.33

ターンオフ損失エネルギー

ゲート・エミッタ間電圧を順バイアス状態から逆バイアス又はゼロバイアス状態に移行させて，飽和領域から遮断領域に移行させる間の過渡状態のコレクタ損失の積分値（J）。

3.2.34

熱抵抗（接合・基準点間）

熱平衡状態における接合温度（**3.2.36** 参照）を T_j，（デバイス）基準点温度（**3.2.37** 参照）を T_{ref} とし，IGBT に消費されるコレクタ損失を P_C としたとき，次式で与えられる熱抵抗 $R_{th(j\_ref)}$。

$$R_{\text{th(j–ref)}} = \frac{T_{\text{j}} - T_{\text{ref}}}{P_{\text{C}}} \quad \text{(K/W)}$$

3.2.35

過渡熱インピーダンス（接合・基準点間）

熱平衡状態から IGBT にステップ状の単位コレクタ損失を加えたときの接合温度変化分と基準点温度変化分との差。$Z_{\text{th(j–ref)}}(t)$ は，加えたコレクタ損失を P_{C}，接合温度変化分を $[T_{\text{j}}(t) - T_{\text{j}}(0)]$，及び基準点温度変化分を $[T_{\text{ref}}(t) - T_{\text{ref}}(0)]$ としたとき，次式で与えられる。

$$Z_{\text{th(j–ref)}}(t) = \frac{[T_{\text{j}}(t) - T_{\text{j}}(0)] - [T_{\text{ref}}(t) - T_{\text{ref}}(0)]}{P_{\text{C}}} \quad \text{(K/W)}$$

ただし，t はコレクタ損失 P_{C} を加えた時点からの時間とする。

3.2.36

接合温度 [e) f)]

電気的性能を規定するための基準となる半導体内部の仮想の温度。

　注 [e)] 　接合温度は，必ずしも半導体内部の最高温度とは限らない。

　注 [f)] 　接合温度は，異なった定格を照合する基準として，また，コレクタ損失の許容値を計算する基準温度として用いられる。

3.2.37

基準点温度 [g)]

IGBT のケース又はこれと密接する放熱体などの指定された測定可能な点の温度。

　注 [g)] 　周囲温度を定格の基準とした IGBT については，周囲温度を基準点温度としてもよい。

3.2.38

保存温度

IGBT に電圧を加えない状態で保存しているときの温度。

3.2.39

形式試験

その形式について製造業者の指定した定格条項・特性・その他を満足することを検証するために行う試験。

3.2.40

常規試験

製品の性能がすでに形式試験で検証されている性能を満足することを確かめるために行う試験。

　注記　ルーチン試験と称する場合もある。

4　使用状態

改正された **JEC－2410－2010**（半導体電力変換装置）の **3.1**（常規使用状態）及び **3.2**（特殊使用状態）による。

4.1　常規使用状態

屋内で使用される半導体電力変換装置の使用状態，すなわち“日間平均空気温度が 30 ℃以下で，年間平均空気温度が 25 ℃以下 [a)]，周囲空気の相対湿度が最低 15 ％から最高 85 ％までの条件下”での使用状態（**JEC-2410：2010** の **3.1** 参照）。

　注 [a)] 　改正前の **JEC－2410：1998** では日間平均空気温度が 35 ℃以下，年間平均空気温度が 20 ℃以

8
JEC-2405：2015

下であったが，**JEC-2410：2010** に合わせて 30 ℃以下，25 ℃以下に改正する。

4.2　特殊使用状態

この規格の対象とする半導体デバイスは屋外に設置される装置，屋外を移動する鉄道車両・自動車に搭載される機器，携帯用機器などのように屋外用途を含む多様な機器の電力変換回路部に使用される。これらの用途では，上記の常規使用状態の範囲を超えた特殊使用状態（環境条件）に即した仕様を満足することが半導体デバイスの使用者から求められる場合がある。

JEC-2410：2010 では，この特殊使用状態の例を下記のように列記している。

製造上特別の考慮を要する使用状態に対しては，特にこれを指定する。例を次に示す。

a)　屋外で使用する場合　　冷却媒体の温度，日射の影響などに注意する必要がある。

b)　異常な振動又は衝撃を受ける場合。

c)　騒音について厳しい制限がある場合。

d)　冷却水の水質が不良の場合。

e)　鉄粉，じんあいなどの多い場所で使用する場合。

f)　高湿度の場所で使用する場合。

g)　塩分，水滴，氷雪，水銀蒸気，塩素ガス，亜硫酸ガス又はその他の有害ガスを含む空気中で使用する場合。

h)　水蒸気又は油蒸気中で使用する場合。

i)　爆発性ガス中で使用する場合。

j)　異常な放射線下で使用する場合。

k)　亜熱帯性又は熱帯性気候の場所で使用する場合。

l)　1 時間以内に，5 K を超える温度変化，かつ，5 %を超える相対湿度変化がある場合。

m)　標高が 1 000 m を超える場所で使用する場合。気圧低下による影響（冷却性能の低下，耐電圧の低下など。**JIS C 60721-2-3** の **3.1** 参照），気温の低下，宇宙線による半導体デバイスへの影響などを考慮する必要がある。

5　定格 [a)]・特性

注 [a)]　半導体デバイスの定格とは，絶対最大定格であって，その値を超えて使用した場合，デバイスの破損が生じることがある限界値に対応する。

5.1　定格・特性及び規定項目

誘導負荷用途に使用される IGBT の定格・特性及び規定する項目を**表 1** に示す。

ストロボ光源用やインダクタンス成分が無視できる抵抗負荷回路に使用される IGBT の定格・特性及び試験方法は**附属書 A** に記述する。

表 1 内の記号は，A：必ず規定する項目，B：標準値又は代表値でも可とする項目，及び C：使用者と合意した試験条件により規定する項目であることを示す。

JEC-2405：2015

表1—誘導負荷用途に使用される IGBT の定格・特性及び規定する項目

定格・特性		項目番号	規定項目
電気的定格	定格コレクタ・エミッタ間電圧	**5.3.1**	A
	定格ゲート・エミッタ間電圧	**5.3.2**	A
	定格コレクタ電流	**5.3.3**	A
	定格ゲート静電耐量	**5.3.4**	C
	定格コレクタ損失	**5.3.5**	A
	順バイアス安全動作領域	**5.3.6**	C
	逆バイアス安全動作領域	**5.3.7**	C
	短絡耐量	**5.3.8**	C
温度定格	定格接合温度	**5.4.1**	A
	定格保存温度	**5.4.2**	A
電気的特性	コレクタ・エミッタ間遮断電流	**5.5.1**	A
	ゲート・エミッタ間漏れ電流	**5.5.2**	A
	コレクタ・エミッタ間飽和電圧	**5.5.3**	A
	コレクタ・エミッタ間サステーニング電圧	**5.5.4**	C
	ゲート・エミッタ間しきい値電圧	**5.5.5**	A
	入力容量	**5.5.6**	B
	帰還容量	**5.5.7**	B
	出力容量	**5.5.8**	B
	ゲート電荷量	**5.5.9**	B
	内部ゲート抵抗	**5.5.10**	B
	誘導負荷ターンオン遅延時間	**5.5.12.1**	B
	誘導負荷ターンオン上昇時間	**5.5.12.2**	B
	誘導負荷ターンオン時間	**5.5.12.3**	B
	誘導負荷ターンオフ遅延時間	**5.5.12.4**	B
	誘導負荷ターンオフ下降時間	**5.5.12.5**	B
	誘導負荷ターンオフ時間	**5.5.12.6**	B
	テイル時間	**5.5.12.7**	B
	誘導負荷ターンオン損失エネルギー	**5.5.12.8**	B
	誘導負荷ターンオフ損失エネルギー	**5.5.12.9**	B
熱的特性	熱抵抗	**5.6.1**	A
	過渡熱インピーダンス	**5.6.2**	A
機械的定格	端子に関する強度定格	**5.7.1**	C
	取付けに関する強度定格	**5.7.2**	C

5.2 定格の基準条件（温度条件）

5.2.1 コレクタ電流定格条件

a) **冷却媒体温度を定格の基準とした IGBT**　　次の冷却条件を指定して規定する。

1) 放熱体の材質，形状，寸法及び取付け方法

2) 冷却方式及びその条件　　表2による（附属書 E 参照）。

表2—冷却方式及びその条件

冷却方式	冷却条件
自冷式	周囲温度及び気圧（高度）
風冷式	冷却気体温度，速度又は毎分の風量及び圧力
水冷式	冷却水温度及び毎分の水量

b) **ケース温度を定格の基準とした IGBT**　　最高基準点温度を指定して規定する。

注記　　定格コレクタ電流を流しうる基準点温度の最高値を最高基準点温度という。

5.2.2 コレクタ・エミッタ間電圧定格条件

接合温度が定格最高接合温度（**5.4.1 a**) 参照）と定格最低接合温度（**5.4.1 b**) 参照）との間の温度となるように冷却媒体温度又は基準点温度を指定して規定する。

5.2.3 ゲート定格条件

接合温度が定格最高接合温度と定格最低接合温度との間の温度となるように冷却媒体点温度又は基準点温度を指定して規定する。

> **注記** 以下では，基準点温度を指定して規定した場合で示す。冷却媒体の温度を指定した場合も同様である。

5.3 電気的定格

5.3.1 定格コレクタ・エミッタ間電圧

指定の基準点温度及び指定のゲート・エミッタ間条件において，遮断領域で加えることができるコレクタ・エミッタ間ピーク電圧。

5.3.2 定格ゲート・エミッタ間電圧

指定の基準点温度及び指定のコレクタ・エミッタ間条件において，順・逆いずれの方向にも加えることができるゲート・エミッタ間ピーク電圧。

5.3.3 定格コレクタ電流

指定の基準点温度において流すことができる直流コレクタ電流又は指定の基準点温度において，指定の波形，パルス幅及び繰返し周波数で流すことができるピークコレクタ電流。

5.3.4 定格ゲート静電耐量

指定の基準点温度及び指定のコレクタ・エミッタ間条件において，指定のコンデンサを充電して，極性を正・負に切り換えて指定の回数，指定の抵抗を介してゲート端子に加えることができるコンデンサ充電電圧。

5.3.5 定格コレクタ損失

指定の基準点温度において許容できる直流コレクタ損失。

5.3.6 順バイアス安全動作領域

指定の基準点温度において，ゲート・エミッタ間を直流又は指定のパルス幅で順バイアス状態にしたとき，安全に動作できるコレクタ電流及びコレクタ・エミッタ間電圧の領域。

5.3.7 逆バイアス安全動作領域

指定の基準点温度において，コレクタ電流を流している状態からゲート・エミッタ間に指定の逆バイアス電圧を加えたとき，安全にターンオフできるコレクタ電流及びコレクタ・エミッタ間電圧の領域。

5.3.8 短絡耐量

指定の基準点温度において，電源短絡時に非繰返しパルスで許容できるコレクタ・エミッタ間電圧，ゲート・エミッタ間電圧（順バイアス）及びそのパルス幅。

5.4 温度定格

5.4.1 定格接合温度

a) **定格最高接合温度** 電気的定格が保証された最高の接合温度。

b) **定格最低接合温度** 電気的定格が保証された最低の接合温度。

5.4.2 3 定格保存温度

a) **定格最高保存温度** 保存時に許容された最高温度。

b) **定格最低保存温度** 保存時に許容された最低温度。

5.5 電気的特性

5.5.1 コレクタ・エミッタ間遮断電流

指定の基準点温度，指定のゲート・エミッタ間条件及び指定のコレクタ・エミッタ間電圧におけるコレクタ・エミッタ間遮断電流の最大値。

5.5.2 ゲート・エミッタ間漏れ電流

指定の基準点温度，指定のコレクタ・エミッタ間条件及び指定の順バイアス・逆バイアスそれぞれのゲート・エミッタ間電圧におけるゲート・エミッタ間漏れ電流の最大値。

5.5.3 コレクタ・エミッタ間飽和電圧

指定の基準点温度，指定のゲート・エミッタ間電圧及び指定のコレクタ電流におけるコレクタ・エミッタ間飽和電圧の最大値。

5.5.4 コレクタ・エミッタ間サステーニング電圧

指定の基準点温度，指定のゲート電圧及び指定のゲート・エミッタ間条件において，指定のインダクタンスの負荷リアクトルに通電している指定のコレクタ電流を，指定の繰返し周波数でターンオフしたときのコレクタ・エミッタ間ピーク電圧の最小値。

5.5.5 ゲート・エミッタ間しきい値電圧

指定の基準点温度，指定のコレクタ・エミッタ間電圧及び指定のコレクタ電流におけるゲート・エミッタ間しきい値電圧の最大値及び最小値。

5.5.6 入力容量

指定の基準点温度，指定のゲート・エミッタ間電圧及び指定のコレクタ・エミッタ間電圧における指定の測定周波数でのゲート・エミッタ間静電容量の最大値又は代表値。

5.5.7 帰還容量

指定の基準点温度，指定のゲート・エミッタ間電圧及び指定のコレクタ・エミッタ間電圧における指定の測定周波数でのゲート・コレクタ間静電容量の最大値又は代表値。

5.5.8 出力容量

指定の基準点温度，指定のゲート・エミッタ間電圧及び指定のコレクタ・エミッタ間電圧における指定の測定周波数でのコレクタ・エミッタ間静電容量の最大値又は代表値。

5.5.9 ゲート電荷量

指定の基準点温度，指定のゲート・エミッタ間電圧，ターンオン前の指定のコレクタ・エミッタ間電圧及びターンオン後の指定のコレクタ電流におけるゲート電荷量の代表値。

5.5.10 内部ゲート抵抗

指定の基準点温度，指定のゲート・エミッタ間電圧，指定のコレクタ・エミッタ間電圧及び指定の測定周波数での内部ゲート抵抗の最大値又は代表値。

5.5.11 抵抗負荷スイッチング時間及びスイッチング損失エネルギー

5.5.11.1 抵抗負荷ターンオン遅延時間 $t_{d(on)}$

指定の基準点温度，指定のコレクタ・エミッタ間電圧，指定のゲート・エミッタ間条件及び指定のコレクタ電流を通電する抵抗負荷条件でのターンオン過程において，ゲート・エミッタ間電圧が指定された順バイアス電圧の10％に上昇した時点から，コレクタ・エミッタ間電圧が最大振幅の90％に降下するまでの時間の最大値又は代表値。

5.5.11.2 抵抗負荷ターンオン上昇時間 t_r

指定の基準点温度，指定のコレクタ・エミッタ間電圧，指定のゲート・エミッタ間条件及び指定のコレ

クタ電流を通電する抵抗負荷条件でのターンオン過程において，コレクタ・エミッタ間電圧が最大振幅の90%から10%に降下するまでの時間の最大値又は代表値。

5.5.11.3 抵抗負荷ターンオン時間 t_{on}

指定の基準点温度，指定のコレクタ・エミッタ間電圧，指定のゲート・エミッタ間条件及び指定のコレクタ電流を通電する抵抗負荷条件でのターンオン過程において，ゲート・エミッタ間電圧が指定された順バイアス電圧の10%に上昇した時点から，コレクタ・エミッタ間電圧が最大振幅の10%に降下するまでの時間の最大値又は代表値。

$$t_{on} = t_{d\,(on)} + t_r$$

5.5.11.4 抵抗負荷ターンオフ遅延時間 $t_{d\,(off)}$

指定の基準点温度，指定のコレクタ・エミッタ間電圧，指定のゲート・エミッタ間条件及び指定のコレクタ電流を通電する抵抗負荷条件でのターンオフ過程において，ゲート・エミッタ間電圧が指定された順バイアス電圧の90%に降下した時点から，コレクタ・エミッタ間電圧が最大振幅の10%に上昇するまでの時間の最大値又は代表値。

5.5.11.5 抵抗負荷ターンオフ下降時間 t_f

指定の基準点温度，指定のコレクタ・エミッタ間電圧，指定のゲート・エミッタ間条件及び指定のコレクタ電流を通電する抵抗負荷条件でのターンオフ過程において，コレクタ・エミッタ間電圧が最大振幅の10%から90%に上昇するまでの時間の最大値又は代表値。

5.5.11.6 抵抗負荷ターンオフ時間 t_{off}

指定の基準点温度，指定のコレクタ・エミッタ間電圧，指定のゲート・エミッタ間条件及び指定のコレクタ電流を通電する抵抗負荷条件でのターンオフ過程において，ゲート・エミッタ間電圧が指定された順バイアス電圧の90%に降下した時点から，コレクタ・エミッタ間電圧が最大振幅の90%に上昇するまでの時間の最大値又は代表値。

5.5.11.7 抵抗負荷ターンオン損失エネルギー E_{on}

指定の基準点温度，指定のコレクタ・エミッタ間電圧，指定のゲート・エミッタ間条件及び指定のコレクタ電流を通電する抵抗負荷条件でのターンオフ過程において，ゲート・エミッタ間電圧が指定された順バイアス電圧の10%に上昇した時点から，コレクタ・エミッタ間電圧が最大振幅の10%に降下するまでの時間のコレクタ電流とコレクタ・エミッタ間電圧の瞬時値の積の時間積分値である抵抗負荷ターンオン損失エネルギーの代表値。

5.5.11.8 抵抗負荷ターンオフ損失エネルギー E_{off}

指定の基準点温度，指定のコレクタ・エミッタ間電圧，指定のゲート・エミッタ間条件及び指定のコレクタ電流を通電する抵抗負荷条件でのターンオフ過程において，ゲート・エミッタ間電圧が指定された順バイアス電圧の90%に下降した時点から，コレクタ・エミッタ間電圧が最大振幅の90%に上昇するまでの時間のコレクタ電流とコレクタ・エミッタ間電圧の瞬時値の積の時間積分値である抵抗負荷ターンオン損失エネルギーの代表値。

5.5.12 誘導負荷スイッチング時間及びスイッチング損失エネルギー

誘導負荷スイッチング時間及びスイッチング損失エネルギーの規定を **IEC 60747－9：2007** の **6.3.11** 及び **6.3.12** の誘導負荷スイッチング特性及びスイッチング損失エネルギー測定法の測定波形に準拠して改正した（**図 27** 及び**図 29** 参照）。

5.5.12.1 誘導負荷ターンオン遅延時間 $t_{d\,(on)}$

指定の基準点温度，指定のコレクタ・エミッタ間電圧，指定のゲート・エミッタ間条件及び指定のコレ

クタ電流を通電する誘導負荷条件でのターンオン過程において，ゲート・エミッタ間電圧が指定された順バイアス電圧の10%に上昇した時点から，コレクタ電流が直前のターンオフ電流の10%に上昇するまでの時間の最大値又は代表値。

5.5.12.2　誘導負荷ターンオン上昇時間 t_r

指定の基準点温度，指定のコレクタ・エミッタ間電圧，指定のゲート・エミッタ間条件及び指定のコレクタ電流を通電する誘導負荷条件でのターンオン過程において，コレクタ電流が直前のターンオフ電流の10%に上昇した時点から，90%に上昇するまでの時間の最大値又は代表値。

5.5.12.3　誘導負荷ターンオン時間 t_{on}

指定の基準点温度，指定のコレクタ・エミッタ間電圧，指定のゲート・エミッタ間条件及び指定のコレクタ電流を通電する誘導負荷条件でのターンオン過程において，ゲート・エミッタ間電圧が指定された順バイアス電圧の10%に上昇した時点から，コレクタ電流が直前のターンオフ電流の90%に上昇するまでの時間の最大値又は代表値。

$$t_{on} = t_{d(on)} + t_r$$

5.5.12.4　誘導負荷ターンオフ遅延時間 $t_{d(off)}$

指定の基準点温度，指定のコレクタ・エミッタ間電圧，指定のゲート・エミッタ間条件及び指定のコレクタ電流を通電する誘導負荷条件でのターンオフ過程において，ゲート・エミッタ間電圧が指定された順バイアス電圧の90 %に降下した時点から，コレクタ電流波形がターンオフコレクタ電流ピーク値の90%に下降するまでの時間の最大値又は代表値。

5.5.12.5　誘導負荷ターンオフ下降時間 t_f

指定の基準点温度，指定のコレクタ・エミッタ間電圧，指定のゲート・エミッタ間条件及び指定のコレクタ電流を通電する誘導負荷条件でのターンオフ過程において，コレクタ電流が最大振幅の90%から10%に降下するまでの時間の最大値又は代表値。

5.5.12.6　誘導負荷ターンオフ時間 t_{off}

指定の基準点温度，指定のコレクタ・エミッタ間電圧，指定のゲート・エミッタ間条件及び指定のコレクタ電流を通電する誘導負荷条件でのターンオフ過程において，ゲート・エミッタ間電圧が指定された順バイアス電圧の90%に降下した時点から，コレクタ電流が最大振幅の10%に降下するまでの時間の最大値又は代表値。

$$t_{off} = t_{d(off)} + t_f$$

5.5.12.7　テイル時間 t_t

指定の基準点温度，指定のコレクタ・エミッタ間電圧，指定のゲート・エミッタ間条件及び指定のコレクタ電流を通電する誘導負荷条件でのターンオフ過程において，コレクタ電流が最大振幅の10%から2%に降下するまでの時間の最大値又は代表値。

5.5.12.8　誘導負荷ターンオン損失エネルギー E_{on}

指定の基準点温度，指定のコレクタ・エミッタ間電圧，指定のゲート・エミッタ間条件及び指定のコレクタ電流を通電する誘導負荷条件でのターンオン過程において，ゲート・エミッタ間電圧が指定された順バイアス電圧の10%に上昇した時点から，コレクタ・エミッタ間電圧が最大振幅の2%に降下するまでの時間のコレクタ電流とコレクタ・エミッタ間電圧の瞬時値の積の時間積分値であるターンオン損失エネルギーの代表値。

5.5.12.9　誘導負荷ターンオフ損失エネルギー E_{off}

指定の基準点温度，指定のコレクタ・エミッタ間電圧，指定のゲート・エミッタ間条件及び指定のコレ

クタ電流を通電する誘導負荷条件でのターンオフ過程において，ゲート・エミッタ間電圧が指定された順バイアス電圧の90%に降下した時点から，コレクタ電流が最大振幅の2%に降下するまでの時間のコレクタ電流とコレクタ・エミッタ間電圧の瞬時値の積の時間積分値であるターンオフ損失エネルギーの代表値。

5.6 熱的特性

5.6.1 熱抵抗

熱抵抗の最大値。

IGBTでは，チップ接合部と基準点との間の熱抵抗。基準点としてケースや冷却体などがある。

5.6.2 過渡熱インピーダンス

過渡熱インピーダンスの最大値。

IGBTでは，チップ接合部と基準点との間の過渡熱インピーダンス。基準点としてケースや冷却体などがある。

注記 図3のように図示することが望ましい。

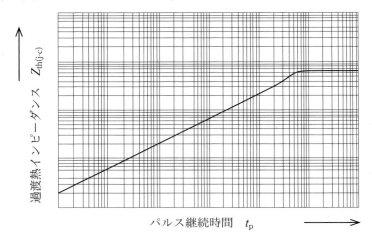

図3―過渡熱インピーダンス曲線の例

5.7 機械的定格

機械的定格は，表3に示すようなIGBTの外形及び端子構造の種類によって適用する定格項目が異なる。

表3—各種 IGBT の外形による分類

外形の種類	取付け方法	端子構造の種類			
		圧接端子	リード端子	ねじ端子	板端子
フラットベース形	一つの平面ベースを放熱体に圧接締付け又は接着して取り付ける。				
平形	平行な両面の平面ベースを両側から放熱体で圧接して取り付ける。				
リードマウント形	主にリード端子をろう付けなどにより接続して取り付ける。				

注記　上記のいくつかにまたがった構造をもつ場合は，その特徴をよく表している一つの分類を選ぶ。

5.7.1　端子に関する強度定格

端子に関する強度定格は，端子構造の種類によって**表4**に示す強度を規定する。

表4—端子構造の種類と適用する定格項目との関係

端子構造の種類	定格項目				
	定格端子引張り強度	定格端子曲げ強度	定格端子折曲げ強度	定格端子ねじり強度	定格端子締付けトルク強度
リード端子	○		○		
ねじ端子	○	○		○	○
板端子	○		○		

注記 1　○印は，定格値を規定しなければならない項目を示している。

注記 2　定格端子引張り強度　　指定された向きに作用点に許容できる端子引張り力の最大値。

注記 3　定格端子曲げ強度　　指定された向きに作用点に許容できる端子曲げ応力の最大値。

注記 4　定格端子折曲げ強度　　指定された向きに作用点に指定された回数だけ許容できる端子折曲げ力の最大値。

注記 5　定格端子ねじり強度　　指定された箇所を含む端子軸に垂直な平面内において許容できるトルクの最大値。

注記 6　定格端子締付けトルク強度　　指定された方法で外部電極取付け部に許容できる締付けトルクの最大値。

5.7.2　取付けに関する強度定格

取付けに関する強度定格は，外形の種類によって**表5**に示す強度を規定する。

表5—外形の種類と適用する定格項目との関係

外形の種類	定格項目	
	定格締付けトルク強度	定格圧接力強度
フラットベース形	○ b)	
平形		○

注 b)　IGBTが取り付けられる放熱体の面の平面度が規定されているものとする。

注記1　○印は定格値を規定しなければならない項目を示している。

注記2　定格締付けトルク強度　　指定された方法で放熱体に締付けるとき，許容できる締付けトルクの最大値。

注記3　定格圧接力強度　　指定された方法で放熱体に圧接するとき，圧接面に許容できる圧接力の最大値。

注記4　冷却体への取付け面との良好な電気的及び熱的接触を得るため，締付けトルク及び圧接力は推奨値としてこれを表示する。最小値も表記することが望ましい。

6　試験

6.1　一般

6.1.1　試験の種類

IGBTの試験には，形式試験及び常規試験がある（**3.2.39**及び**3.2.40**参照）。

6.1.2　常規試験及び形式試験の実施方法

6.1.2.1　常規試験の実施方法

a)　常規試験は，全数について行う a)。

　　注 a)　製造業者と使用者との協定によって統計的に採取された個数についての試験をもって代えてもよい。

b)　常規試験に関して，使用者が試験成績書の提示又は試験への立会いを求める場合は，あらかじめその項目などを使用者と製造業者との協議によって決定する。

c)　この規格で規定している電気的特性試験及び熱的特性試験の方法は，特性値を測定する方法を規定しているが，単に規格値を満足しているかどうかの試験法に代えてもよい。

　　注記　単に規格値を満足しているかどうかの試験は，特別な場合を除いて，この規格で規定している試験法の操作手順を変えることによって容易に行える。

d)　2種類以上の試験法を規定している場合には，いずれによって試験をしてもよい。ただし，そのいずれによって試験をしたかを明示するものとする。

e)　この規格で規定した試験回路は，試験目的に反せず，かつ，規定された試験波形に影響を与えない範囲で変更してもよい。

6.1.2.2　形式試験の実施方法

形式試験は**3.2.39**のとおり，その形式について製造業者の指定した定格条項・特性・その他を満足することを検証するために行う試験であり，常規試験の実施方法 b)の使用者と製造業者との協議に従って実施することが望ましい。

6.1.3　標準試験条件

a)　試験用電源

特記された以外の試験用の電源として，直流電源は全振幅脈動率10%以下，交流電源は総合ひずみ率

6%以下で商用周波数（50 Hz 又は 60 Hz）のものとする。

b) 計器 [b]

直流及び交流の電流計・電圧計などは 0.5 級を標準とし，かつ平等目盛の計器では最大目盛が測定値の 10 倍以内，0 目盛付近で目盛幅の縮小するものは最大目盛が測定値の 4 倍以内のものを用いる。ただし，電気的特性の項目に最大値が規定されているものは，上記測定値の代わりに最大値を採用してもよい。

注 [b] 同等精度のディジタル計測器を使用してもよい。オシロスコープで計測する場合も同様である。

c) 電圧基準点

電圧の基準点は，一部の試験を除いて供試 IGBT のエミッタとする。

d) 極性

すべての電位の極性は，電圧基準点に対する極性によって指示又は表示する。

e) 試験温度

IGBT の試験温度は，接合温度が指定された温度となるように基準点温度を設定する。接合温度は下記の温度を適用する。

1) 接合温度を 25 ℃と指定された場合：25 ± 3 ℃　ただし，他の温度で測定し補正してもよい。

2) 接合温度を定格最高接合温度 T_{jmax} と指定された場合：定格最高接合温度の＋ 0 ℃〜− 3 ℃の範囲。ただし，直流法などによる試験で接合温度の上昇を伴う試験の場合は，その温度上昇分だけ試験温度を下げてもよい。

6.1.4　試験の記録

供試デバイスの試験結果は記録として残す。誤った試験（例えば試験装置の故障，試験担当者の過失など）によって破損した場合には，そのデータ記録と原因説明とを書きとどめる（**JEC-2406** の **5.1.5** 参照）。

6.1.5　取扱いの注意事項

パワー **MOSFET** 又は IGBT のような絶縁ゲート形デバイスの場合，ゲート絶縁層があるために入力抵抗値がきわめて高い。静電気で帯電された試験者又ははんだごてからのもれ電流などで誘起される高電圧によってゲート領域が破壊され修復不能になることがあるので，取扱いには十分注意する（**JEC-2406** の **5.1.6** 参照）。

6.2　試験項目

試験項目及び試験の種類を**表 6** 及び**表 7** に示す。

表 6 内の記号は，A：必ず試験する項目，C：使用者と合意した試験条件により試験する項目であることを示す。入力容量試験，帰還容量試験及び出力容量試験については供試デバイスの形名が同じであれば，測定値のバラツキが無視できて通常は常規試験が実施されないので＊を付与した。

機械的強度試験及び外観検査は，それぞれ **JEC-2403**（逆阻止三端子サイリスタ）の **5.7**（機械的強度試験）及び **5.8**（外観検査）に準じて行う。

18
JEC-2405：2015

表6—試験項目及び試験の種類

	試験項目	試験項目番号	形式試験	常規試験	定格特性項目番号
電気的 定格試験	コレクタ・エミッタ間電圧試験	6.3.1	A	A	5.3.1
	ゲート・エミッタ間電圧試験	6.3.2	A	A	5.3.2
	コレクタ電流試験	6.3.3	A	A	5.3.3
	ゲート静電耐量試験	6.3.4	A	C	5.3.4
	順バイアス安全動作領域試験	附属書B	C	C	5.3.6
	逆バイアス安全動作領域試験	6.3.5	A	C	5.3.7
	短絡耐量試験	6.3.6	A	C	5.3.8
電気的 特性試験	コレクタ・エミッタ間遮断電流試験	6.4.1	A	A	5.5.1
	ゲート・エミッタ間漏れ電流試験	6.4.2	A	A	5.5.2
	コレクタ・エミッタ間飽和電圧試験	6.4.3	A	A	5.5.3
	コレクタ・エミッタ間 サステーニング電圧試験	6.4.4	A	C	5.5.4
	ゲート・エミッタ間しきい値電圧試験	6.4.5	A	A	5.5.5
	入力容量試験	6.4.6	A	*	5.5.6
	帰還容量試験	6.4.7	A	*	5.5.7
	出力容量試験	6.4.8	A	*	5.5.8
	ゲート電荷量試験	6.4.9	C	C	5.5.9
	内部ゲート抵抗試験	6.4.10	C	C	5.5.10
	誘導負荷スイッチング試験	6.4.12	A	A	5.5.12
	誘導負荷ターンオン遅延時間	6.4.12.1	A	C	5.5.12.1
	誘導負荷ターンオン上昇時間	6.4.12.1	A	C	5.5.12.2
	誘導負荷ターンオン時間	6.4.12.1	A	A	5.5.12.3
	誘導負荷ターンオフ遅延時間	6.4.12.2	A	C	5.5.12.4
	誘導負荷ターンオフ下降時間	6.4.12.2	A	C	5.5.12.5
	誘導負荷ターンオフ時間	6.4.12.2	A	A	5.5.12.6
	テイル時間	6.4.12.2	A	C	5.5.12.7
	誘導負荷ターンオン損失エネルギー	6.4.12.1	A	C	5.5.12.8
	誘導負荷ターンオフ損失エネルギー	6.4.12.2	A	C	5.5.12.9
熱的特 性試験	熱抵抗試験	6.5.1	A	C	5.6.1
	過渡熱インピーダンス試験	6.5.2	A	C	5.6.2
機械的 強度試験	端子に関する強度試験	—	A	C	5.7.1
	取付けに関する強度試験	—	A	C	5.7.2
	外観検査	—	A	A	—

注記　抵抗負荷スイッチング時間の各特性項目及び試験する項目は**附属書A**の**表A.1**及び**表A.2**に
示されている。

電気的耐久試験項目及び試験の種類を**表7**に示す。

表7の電気的耐久試験は**IEC 60747-9：2007**の**Table 3**に従って形式試験を実施し，常規試験として
は実施しない。

表7—電気的耐久試験項目及び試験の種類

試験項目	試験項目番号	形式試験	常規試験
高温逆バイアス試験 [c]	6.6.1	○	
高温ゲートバイアス試験	6.6.2	○	
断続動作寿命試験	6.6.3	○	

注 [c] ここでの逆バイアスとは,遮断状態においてコレクタ・エミッタ間に電圧を印加することを意味する。

6.3 電気的定格試験

すべての定格試験は,それらの試験後に供試 IGBT の**表 8** に示す特性を測定し,合格判定基準を超えず正常であることを確かめる。

表8—IGBT の定格試験後の合格判定基準 [d]

合格判定特性	合格判定基準
コレクタ・エミッタ間遮断電流 I_{CES} 又は I_{CEX}	I_{CES} 又は $I_{CEX} \leq$ USL
ゲート・エミッタ間漏れ電流 I_{GES}	$I_{GES} \leq$ USL
ゲート・エミッタ間しきい値電圧 $V_{GE(th)}$	LSL $\leq V_{GE(th)} \leq$ USL
コレクタ・エミッタ間飽和電圧 V_{CEsat}	$V_{CEsat} \leq$ USL

注記　USL:指定の上限値,LSL:指定の下限値

注 [d]　IEC 60747-9:2007 の 6.3 Table 1 - Acceptance-defining characteristics

6.3.1 コレクタ・エミッタ間電圧試験

a) 目的

指定の条件で,供試 IGBT が定格コレクタ・エミッタ間電圧に耐えることを確認する。

b) 直流法

1) 試験回路

基本回路を**図 4** に示す。

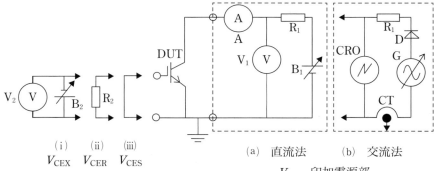

DUT:供試 IGBT　　　　　　　　　　　　　　R₁:保護用抵抗
B₁:コレクタ・エミッタ間電圧印加用可変直流電源　　R₂:ゲート・エミッタ間抵抗
B₂:ゲート・エミッタ間逆バイアス用可変直流電源　　D:整流用ダイオード
G:コレクタ・エミッタ間電圧印加用可変交流電源　　CT:電流検出器
V₁:コレクタ・エミッタ間電圧測定用電圧計　　　　A:コレクタ電流測定用電流計
V₂:ゲート・エミッタ間電圧測定用電圧計　　　　　CRO:オシロスコープ

図 4—コレクタ・エミッタ間電圧試験回路 [e]

注 e) V_{CEX}, V_{CER}, V_{CES} は，各ゲート・エミッタ間条件でのコレクタ・エミッタ間電圧を示す。これらの記号は，図4の中の(i)，(ii)，(iii)に対応したゲート・エミッタ間条件を表している。

2) 手順

2.1) ゲート・エミッタ間を指定の条件に設定し，図4の(a)の回路の可変直流電源 B_1 によって，コレクタ・エミッタ間電圧を徐々に上げて規定の値に設定し，異常がないことを確認する。

2.2) 試験後，供試 IGBT の特性に異常がないことを確認する。

注記　異常の有無の判断基準は，製造業者が決める。以下の試験でも同じである。

3) 試験条件

3.1) ゲート・エミッタ間条件

次のいずれかの条件とする。

・指定の逆バイアス電圧印加（B_2 の電圧）

・指定の抵抗接続（R_2 の抵抗値）

・短絡

3.2) コレクタ・エミッタ間電圧

定格コレクタ・エミッタ間電圧

3.3) 基準点温度

指定の値

c) 交流法

図4において，V_{CE} 印加電源部を(b)の回路に置き換えることで，直流法と同一の手順で試験を行う。コレクタ・エミッタ間電圧はピーク値を規定の値に設定する。

1) 試験条件

1.1) ゲート・エミッタ間条件

次のいずれかの条件とする。

・指定の逆バイアス電圧印加（B_2 の電圧）

・指定の抵抗接続（R_2 の抵抗値）

・短絡

1.2) コレクタ・エミッタ間電圧

定格コレクタ・エミッタ間電圧

1.3) 基準点温度　　指定値

6.3.2 ゲート・エミッタ間電圧試験

a) 目的

指定の条件で，供試 IGBT が定格ゲート・エミッタ間電圧に耐えることを確認する。

b) 直流法

1) 試験回路

基本回路を図5に示す。

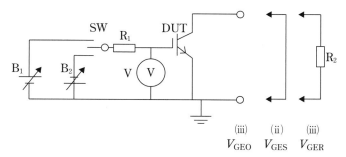

DUT:供試 IGBT
B₁:ゲート・エミッタ間順電圧印加用可変直流電源
B₂:ゲート・エミッタ間逆電圧印加用可変直流電源
R₁:ゲート抵抗

R₂:コレクタ・エミッタ間抵抗
SW:スイッチ
V:ゲート・エミッタ間電圧測定用電圧計

図 5―ゲート・エミッタ間電圧試験回路 [f]

注 [f]　V_{GER}, V_{GES}, V_{GEO} は各コレクタ・エミッタ間条件でのゲート・エミッタ間電圧を示す。これらの記号は，**図 5** の中の(i)，(ii)，(iii)に対応した条件を表している。

2) 手順

2.1) コレクタ・エミッタ間を指定の条件に設定し，可変直流電源 B₁ によってゲート・エミッタ間に規定の順電圧を印加して，試験後供試 IGBT の特性に異常がないことを確認する。

2.2) スイッチ SW を切り換えて，可変直流電源 B₂ によって逆極性で **2.1)** と同様に試験を行う。

3) 試験条件

3.1) コレクタ・エミッタ間条件　　次のいずれかの条件とする。
　・指定の抵抗接続（R₂ の抵抗値）
　・短絡
　・開放

3.2) ゲート・エミッタ間電圧　　定格ゲート・エミッタ間電圧

3.3) 基準点温度　　指定値

6.3.3 コレクタ電流試験

a) 目的

指定の条件で，供試 IGBT が定格コレクタ電流に耐えることを確認する。

b) 直流法

1) 試験回路

　　基本回路を**図 6** に示す。

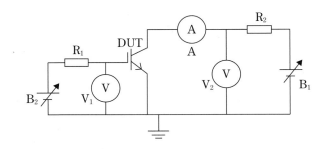

DUT：供試 IGBT
B₁：コレクタ電流供給用可変定電圧電源
B₂：ゲート・エミッタ間順バイアス用可変直流電源
R₁：ゲート抵抗
V₁：ゲート・エミッタ間電圧測定用電圧計
V₂：コレクタ・エミッタ間電圧測定用電圧計
A：コレクタ電流測定用電流計
R₂：保護用抵抗

図 6―コレクタ電流試験回路（直流法）

2) 手順

2.1) ゲート・エミッタ間に指定のゲート・エミッタ間電圧を印加し，コレクタ・エミッタ間に規定のコレクタ電流を通電する。

2.2) 試験後，供試 IGBT の特性に異常がないことを確認する。

c) パルス法

1) 試験回路

基本回路を**図 7** に示す。

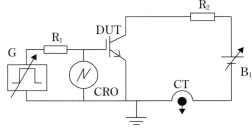

DUT：供試 IGBT
B：コレクタ電流供給用可変定電圧電源
G：ゲート・エミッタ間順バイアス用可変パルス電源
CRO：オシロスコープ
R₁：ゲート抵抗
R₂：保護用抵抗
CT：電流検出器

図 7―コレクタ電流試験回路（パルス法）

2) 手順

2.1) ゲート・エミッタ間に指定の電圧・周波数・デューティのパルスゲート・エミッタ間電圧を印加し，コレクタ・エミッタ間に規定のピーク値のパルスコレクタ電流を流す。

2.2) 試験後，供試 IGBT の特性に異常がないことを確認する。

3) 試験条件

3.1) 試験方法　　直流法又はパルス法

3.2) コレクタ電流　　定格コレクタ電流

3.3) ゲート・エミッタ間電圧

・直流法　　指定値

・パルス法　　指定の電圧，周波数及びデューティ

3.4) 基準点温度　指定値
6.3.4 ゲート静電耐量試験
a) 目的

指定の条件で供試IGBTが定格ゲート静電耐量に耐えることを確認する。

b) 試験回路

基本回路を図8に示す。

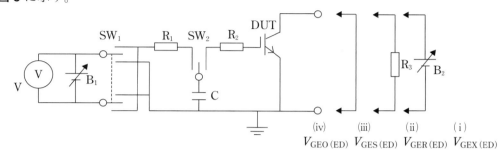

DUT：供試IGBT
R_1：コンデンサ充電用抵抗
R_2：ゲート抵抗
R_3：コレクタ・エミッタ間抵抗
V：ゲート・エミッタ間電圧測定用電圧計
C：ゲート・エミッタ間電圧印加用コンデンサ
B_1：コンデンサ充電用可変直流電源
B_2：コレクタ・エミッタ間電圧印加用可変直流電源
SW_1，SW_2：スイッチ

図8—ゲート静電耐量試験回路[9)]

注[9)]　$V_{GEX(ED)}$，$V_{GER(ED)}$，$V_{GES(ED)}$，$V_{GEO(ED)}$は，各コレクタ・エミッタ間条件でのゲート・エミッタ間電圧を示す。これらの記号は，図8の中の(i)，(ii)，(iii)，(iv)に対応した条件を表している。

c) 手順
1) コレクタ・エミッタ間を指定の条件に設定する。
2) 切換スイッチSW_2を電源B_1側にし，抵抗R_1を通してコンデンサCを指定の電圧に充電する。SW_2を供試IGBT側にして，抵抗R_2を通して放電させる。次にスイッチSW_1にて充電の極性を換えて，同じ操作を繰り返す。これを1回とし，指定の回数，繰り返す。
3) 試験後，供試IGBTの特性に異常がないことを確認する。

注記　Cの充電電圧が電源電圧と同一になるように十分な充電時間をとる。

d) 試験条件
1) コンデンサCの充電電圧（B_1の電圧）　指定値
2) コレクタ・エミッタ間条件　次のいずれかの条件とする。
   ・指定の電圧印加
   ・指定の抵抗接続（R_3の抵抗値）
   ・短絡
   ・開放
3) コンデンサCの静電容量　指定値
4) 抵抗R_2の値　指定値
5) 印加回数　指定値
6) 基準点温度　指定値

6.3.5 逆バイアス安全動作領域試験

a) 目的

指定のコレクタ・エミッタ間電圧及びコレクタ電流で供試IGBTが逆バイアス安全動作領域において安全にターンオフできることを確認する。

b) 試験回路

基本回路を図9に示す。また，動作波形を図10に示す。

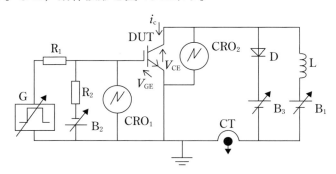

DUT：供試IGBT
B_1：コレクタ電流供給用可変定電圧電源
B_2：ゲート・エミッタ間逆バイアス用可変直流電源
B_3：コレクタ・エミッタ間クランプ電圧設定用可変直流電源
G：ゲート・エミッタ間順バイアス用可変パルス電源
R_1, R_2：ゲート抵抗
CT：電流検出器
L：負荷リアクトル
D：電圧クランプ用ダイオード
CRO_1, CRO_2：電圧観測用オシロスコープ

図9—逆バイアス安全動作領域試験回路

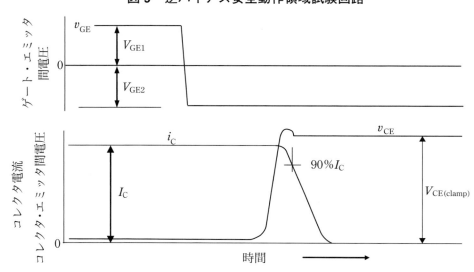

図10—逆バイアス安全動作領域試験時の動作波形

c) 手順

1) 負荷リアクトルLのインダクタンス及びコレクタ・エミッタ間クランプ電圧$V_{CE(clamp)}$を指定の値とし，パルス電源Gによって供試IGBTのDUTのゲート・エミッタ間に指定の値V_{GE1}及びパルス幅の順バイアス電圧を加えて規定のコレクタ電流I_Cを流す。つぎに電源B_2によってゲート・エミッタ間逆バイアス電圧V_{GE2}を印加してDUTをターンオフさせる。このとき，クランプ電圧$V_{CE(clamp)}$はDUTを破壊させない十分低い値とする。

2) 2現象又は3現象オシロスコープで図10に示すようなターンオフ波形を観測しながら，$V_{CE(clamp)}$

を規定の電圧まで上昇させ，DUTの安全動作領域を確認する。

なお，オシロスコープCRO_2及び電流検出器CTの代わりに，X–Yオシロスコープを用いて電流電圧軌跡を観測する方法でもよい。

3) 試験後，供試IGBTの特性に異常がないことを確認する。

d) 試験条件

1) ゲート・エミッタ間逆バイアス電源B_2の電圧及びゲート電流制限用抵抗R_2 指定値
2) 通電時間 指定の単発パルス又は指定の繰返し周波数及びデューティ
3) コレクタ電流 指定の値
4) コレクタ・エミッタ間クランプ電圧 指定値
5) ゲート・エミッタ間順バイアス電源Gの電圧，パルス幅及びゲート電流制限用抵抗R_1 指定の条件
6) 負荷リアクトルLのインダクタンス 指定値
7) 基準点温度 指定値

注記　負荷リアクトルLのインダクタンスは，図10に示すように，コレクタ電流が100％から90％に降下する時間内にコレクタ・エミッタ間電圧がクランプ電圧に達する値を選定するのが望ましい。

6.3.6 短絡耐量試験

a) 目的

指定の条件で，供試IGBTが単発パルス通電の定格短絡耐量に耐えることを確認する。

b) 試験回路

基本回路を図11に示す。また，動作波形を図12に示す。

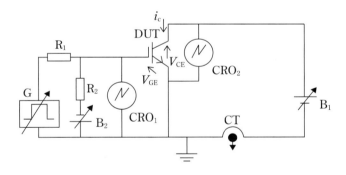

DUT：供試IGBT　　　　　　　　　　　　R_1，R_2：ゲート抵抗
B_1：コレクタ損失供給用可変定電圧電源　　CT：電流検出器
B_2：ゲート・エミッタ間逆バイアス用可変直流電源　　CRO_1，CRO_2：電圧観測用オシロスコープ
G：ゲート・エミッタ間順バイアス用可変パルス電源

図11―短絡耐量試験回路

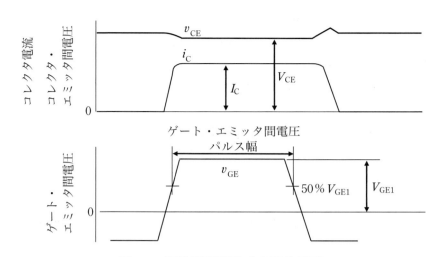

図 12—短絡耐量試験時の動作波形

c) **手順**

1) 供試 IGBT のゲート・エミッタ間に指定の電圧及び幅のパルス電圧を印加する。可変定電圧電源 B_1 の電圧を徐々に上げて様子を見ながら供試 IGBT を通電し，コレクタ・エミッタ間電圧を指定の値とする。

2) 上記条件で流したときのコレクタ電流 I_C の値を電流検出器 CT で観測する。

3) 試験後，供試 IGBT の特性に異常がないことを確認する。

d) **試験条件**

1) ゲート・エミッタ間電圧　　指定値及び指定のパルス幅

2) コレクタ・エミッタ間電圧　　指定値

3) 基準点温度　　指定値

6.4 電気的特性試験

6.4.1 コレクタ・エミッタ間遮断電流試験

a) **目的**

指定の条件で，供試 IGBT のコレクタ・エミッタ間遮断電流を測定する。

b) **試験回路**

基本回路を図 13 に示す。

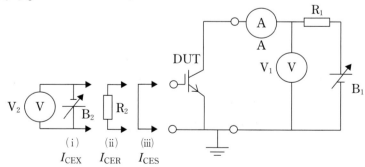

DUT：供試 IGBT
B_1：コレクタ・エミッタ間バイアス用可変直流電源
B_2：ゲート・エミッタ間逆バイアス用可変直流電源
A：コレクタ電流測定用電流計
R_1：保護用抵抗
R_2：ゲート・エミッタ間抵抗
V_1：コレクタ・エミッタ間電圧測定用電圧計
V_2：ゲート・エミッタ間電圧測定用電圧計

図 13—コレクタ・エミッタ間遮断電流試験回路 [h]

注 h) I_{CEX}, I_{CER}, I_{CES} は，各ゲート・エミッタ間の条件でのコレクタ・エミッタ間遮断電流を示す。以下に用いる $I_{CE\_}$ の記号の _ には，コレクタ・エミッタ間の条件に応じてX，R又はSを当てはめる。図13の中の(i)，(ii)，(iii)に対応した条件を表している。

c) **手順**

ゲート・エミッタ間を指定の条件に設定し，コレクタ・エミッタ間に指定の電圧を印加してコレクタ・エミッタ間遮断電流 $I_{CE\_}$ を測定する。

d) **試験条件**

1) ゲート・エミッタ間の条件　次のいずれかの条件とする。
   - 指定の逆バイアス電圧印加
   - 指定の抵抗接続（R_2の抵抗値）
   - 短絡

2) コレクタ・エミッタ間電圧　指定値

3) 基準点温度　指定値

6.4.2 ゲート・エミッタ間漏れ電流試験

a) **目的**

指定の条件で，供試IGBTのゲート・エミッタ間漏れ電流を測定する。

b) **試験回路**

基本回路を図14に示す。

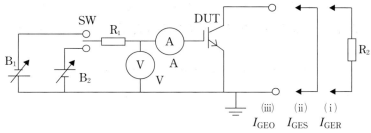

DUT：供試IGBT　　　　　　　B_1：ゲート・エミッタ間逆バイアス用可変直流電源
R_1：ゲート抵抗　　　　　　　B_2：ゲート・エミッタ間順バイアス用可変直流電源
R_2：コレクタ・エミッタ間抵抗　A：ゲート電流測定用電流計
SW：スイッチ　　　　　　　　　V：ゲート・エミッタ間電圧測定用電圧計

図14 — ゲート・エミッタ間漏れ電流試験回路 i)

注 i) I_{GER}, I_{GES}, I_{GEO} は，各コレクタ・エミッタ間の条件でのゲート・エミッタ間漏れ電流を示す。以下に用いる $I_{GE\_}$ の記号の _ には，コレクタ・エミッタ間の条件に応じてR，S又はOを当てはめる。これらの記号は，図14の中の(i)，(ii)，(iii)に対応した条件を表している。

c) **手順**

コレクタ・エミッタ間を指定の条件に設定し，電源B_2によってゲート・エミッタ間に順方向に指定の電圧を印加して，ゲート・エミッタ間漏れ電流 $I_{GE\_}$ を測定する。スイッチを切り換え，同様に電源B_1で逆方向に指定の電圧を印加し $I_{GE\_}$ を測定する。

d) **試験条件**

1) コレクタ・エミッタ間の条件　次のいずれかの条件とする。
   - 指定の抵抗接続（R_2の抵抗値）
   - 短絡

・開放

2) ゲート・エミッタ間電圧　　指定値

3) 基準点温度　　指定値

6.4.3 コレクタ・エミッタ間飽和電圧試験

a) 目的

指定の条件で，供試IGBTのコレクタ・エミッタ間飽和電圧を測定する。

b) 直流法

1) 試験回路

基本回路を図15に示す。

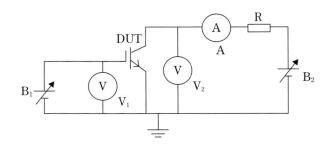

DUT：供試IGBT　　R：保護用抵抗　　B_1：ゲート・エミッタ間順バイアス用可変直流電源

V_1：ゲート・エミッタ間電圧測定用電圧計　　B_2：コレクタ・エミッタ間バイアス用可変定電圧電源

V_2：コレクタ・エミッタ間電圧測定用電圧計　　A：コレクタ電流測定用電流計

図15―コレクタ・エミッタ間飽和電圧試験回路（直流法）

2) 手順

電源B_1でゲート・エミッタ間に指定の電圧を印加し，可変定電圧電源B_2（コレクタ電源）の電圧を徐々に上げて，コレクタ電流が指定の値になったときのコレクタ・エミッタ間飽和電圧V_{CEsat}を測定する。

3) 試験条件

3.1) コレクタ電流　　指定値

3.2) ゲート・エミッタ間電圧　　指定の電圧又は指定の電圧・周波数・デューティのパルス

3.3) 基準点温度　　指定値

c) パルス法

1) 試験回路

基本回路を図16に示す。

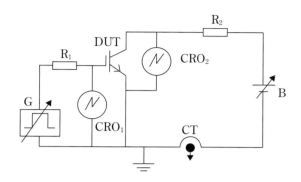

DUT：供試 IGBT　　　　B：コレクタ・エミッタ間バイアス用可変直流電源
R₁：ゲート抵抗　　　　G：可変パルス電源　　　CT：電流検出器
R₂：保護用抵抗　　　　CRO₁，CRO₂：オシロスコープ

図 16―コレクタ・エミッタ間飽和電圧試験回路（パルス法）

2) **手順**

　パルス電源 G でゲート・エミッタ間に指定の電圧・周波数・デューティのパルス電圧を印加し，可変定電圧電源 B（コレクタ電源）の電圧を徐々に上げて，コレクタ電流ピーク値が指定の値になったときのコレクタ・エミッタ間飽和電圧 V_{CEsat} を測定する。

3) **試験条件**

3.1) コレクタ電流　　指定値

3.2) ゲート・エミッタ間電圧　　指定の電圧，又は指定の電圧・周波数・デューティのパルス

3.3) 基準点温度　　指定値

6.4.4 コレクタ・エミッタ間サステーニング電圧試験

a) **目的**

指定の条件で供試 IGBT を誘導負荷でスイッチングさせたときの，コレクタ・エミッタ間に生じるサステーニング電圧を測定する。

b) **試験回路**

基本回路を**図 17** に示す。

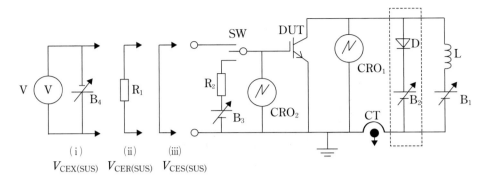

DUT：供試 IGBT
B₁：コレクタ電流供給用可変直流電源
B₂：コレクタ・エミッタ間電圧クランプ用（サステーニング電圧設定用）可変直流電源
B₃：ゲート・エミッタ間順バイアス用可変直流電源
B₄：ゲート・エミッタ間逆バイアス用可変直流電源
D：電圧クランプ用ダイオード
L：負荷リアクトル
CT：電流検出器
R₁：ゲート・エミッタ間抵抗
R₂：ゲート抵抗
SW：スイッチ
V：ゲート・エミッタ間電圧測定用電圧計
CRO₁，CRO₂：オシロスコープ

図 17 — コレクタ・エミッタ間サステーニング電圧試験回路 [j]

注 [j]　$V_{CEX(SUS)}$，$V_{CER(SUS)}$，$V_{CES(SUS)}$ は，各ゲート・エミッタ間の条件でのコレクタ・エミッタ間サステーニング電圧を示す。以下に用いる $V_{CE\_(SUS)}$ の記号の _ には，コレクタ・エミッタ間の条件に応じて X，R 又は S を当てはめる。これらの記号は，**図 17** の中の(i)，(ii)，(i)に対応した条件を表している。

注記　⊡内は，コレクタ・エミッタ間電圧をクランプするためのクランプ回路を示す。

c)　手順

1) ゲート・エミッタ間を指定の条件に設定する。
2) スイッチ SW を商用周波数又は指定の周波数で動作させる。
3) 直流電源 B₂ の電圧を任意のコレクタ・エミッタ間電圧に設定する。
4) オシロスコープ CRO₂ でゲート・エミッタ間順バイアス時の電圧を観測し，ピーク値が指定の値になるように直流電源 B₃ の電圧を調整する。
5) 電流検出器 CT でコレクタ電流を観測し，ピーク値が指定の値になるように可変直流電源 B₁ の電圧を調整する。
6) CRO₁ で SW の動作に伴うコレクタ・エミッタ間電圧及びコレクタ電流の軌跡を観測し，**図 18** で示すような軌跡の P 点以降の電圧の最小値を測定する。この電圧がコレクタ・エミッタ間サステーニング電圧である。

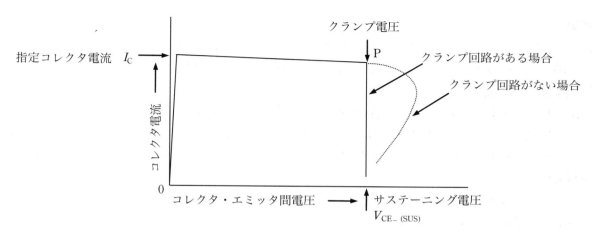

図 18―コレクタ・エミッタ間サステーニング電圧試験波形

d) 試験条件
1) コレクタ・エミッタ間クランプ電圧（B_2 の電圧）
2) コレクタ電流　　指定値
3) ゲート電圧（B_3 の電圧）　　指定値
4) 負荷リアクトルのインダクタンス　　指定値
5) スイッチの動作周波数　　商用周波数又は指定値
6) ゲート・エミッタ間条件　　次のいずれかの条件とする。
   ・指定の逆バイアス電圧印加（B_4 の電圧）
   ・指定の抵抗接続（R_1 の抵抗値）
   ・短絡
7) 基準点温度　　指定値

6.4.5 ゲート・エミッタ間しきい値電圧試験

a) 目的

指定の条件で，供試 IGBT のゲート・エミッタ間しきい値電圧を測定する。

b) 試験回路

基本回路を図 19 に示す。

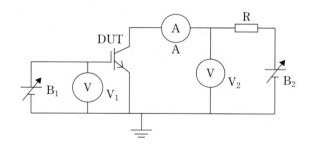

DUT：供試 IGBT
A：コレクタ電流測定用電流計
V_1：ゲート・エミッタ間電圧測定用電圧計
V_2：コレクタ・エミッタ間電圧測定用電圧計
B_1：ゲート・エミッタ間順バイアス用可変直流電源
B_2：コレクタ電流供給用可変定電圧電源
R：保護用抵抗

図 19―ゲート・エミッタ間しきい値電圧試験回路

c) 手順

電源 B_2 でコレクタ・エミッタ間電圧を指定の値に設定し，指定のコレクタ電流が流れるように電源 B_1 の電圧を調整し，そのときのゲート・エミッタ間電圧を測定する。この電圧がゲート・エミッタ間しきい値電圧 $V_{GE(th)}$（$V_{GE(TO)}$）である。

注記　しきい値電圧の文字記号 $V_{GE(th)}$ の中 th が熱特性であることを示す記号として使うので，当初は $V_{GE(TO)}$ をしきい値電圧の文字記号と規定していたが，文字記号 $V_{GE(th)}$ の方が一般的に使用されるようになり，**IEC 60747-9** ではしきい値電圧の文字記号を $V_{GE(th)}$ と規定している。

d) 試験条件

1) コレクタ・エミッタ間電圧　　指定値
2) コレクタ電流　　指定値
3) 基準点温度　　指定値

6.4.6　入力容量試験

a) 目的

指定の条件で，供試 IGBT の入力容量を測定する。

b) 試験回路

基本回路を図 20 に示す。

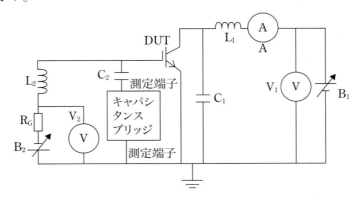

DUT：供試 IGBT　　　　　　　　　　　　　B_2：ゲート・エミッタ間可変直流電源
B_1：コレクタ・エミッタ間可変電圧電源　　R_G：ゲート抵抗
C_1，C_2：測定用コンデンサ　　　　　　　L_1，L_2：測定用リアクトル
V_2：ゲート・エミッタ間電源電圧測定用電圧計　V_1：コレクタ・エミッタ間電圧測定用電圧計

図 20―入力容量測定回路

注記　測定用コンデンサの容量 C_1 及び C_2 は，測定周波数 f において以下の式の条件を満たして短絡回路とみなせるようにすることが望ましい。また，測定用リアクトル L_1 及び L_2 のインダクタンス L_1 及び L_2 は，測定に影響を与えないよう測定周波数において十分に大きくすることが望ましい。

$$2\pi f C_1 > |y_{is}|,\ 2\pi f C_2 > |y_{os}| \text{ かつ，} 2\pi f L_1 > 1/|y_{is}|,\ 2\pi f L_2 > 1/|y_{os}|$$

ここに，y_{is}：DUT の入力アドミタンス，y_{os}：DUT の出力アドミタンス

c) 手順

1) 試験回路に供試 IGBT（DUT）を接続していない状態で容量ブリッジのゼロ点調整を行い，漂遊容量を測定する。
2) DUT を接続し，ゲート・エミッタ間電圧 V_{GE} 及びコレクタ・エミッタ間電圧 V_{CE} を指定値に設定

33
JEC-2405：2015

する。
3) ブリッジを再度ゼロ点調整して容量を測定し，漂遊容量を差し引いた値を入力容量 C_{ies} とする。

d) 試験条件
1) 測定周波数 f　　指定値
2) コレクタ・エミッタ間電圧 V_{CE}　　指定値
3) ゲート・エミッタ間電圧 V_{GE}　　指定値
4) 基準点温度　　指定値

6.4.7 帰還容量試験

a) 目的
指定の条件で，供試 IGBT の帰還容量を測定する。

b) 試験回路
基本回路を図 21 に示す。

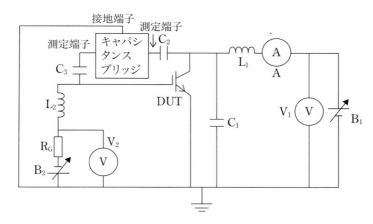

DUT：供試 IGBT
B₁：コレクタ・エミッタ間可変定電圧電源
C₁, C₂, C₃：測定用コンデンサ
V₂：ゲート・エミッタ間電圧測定用電圧計
B₂：ゲート・エミッタ間可変直流電源
R_G：ゲート抵抗
L₁, L₂：測定用リアクトル
V₁：コレクタ・エミッタ間電圧測定用電圧計

図 21―帰還容量測定回路

注記　測定用コンデンサの容量 C_1 及び C_2 は，測定周波数 f において以下の式の条件を満たして短絡回路とみなせるようにすることが望ましい。また，測定用リアクトル L_1 及び L_2 のインダクタンス L_1 及び L_2 は，測定に影響を与えないよう測定周波数において十分に大きくすることが望ましい。
$$2\pi f C_1 > |y_{\text{is}}|,\ 2\pi f C_2 > |y_{\text{os}}|\ \text{かつ},\ 2\pi f L_1 > 1/|y_{\text{is}}|,\ 2\pi f L_2 > 1/|y_{\text{os}}|$$
ここに，y_{is}：DUT の入力アドミタンス，y_{os}：DUT の出力アドミタンス

c) 手順
1) 試験回路に供試 IGBT（DUT）を接続していない状態で容量ブリッジのゼロ点調整を行い，漂遊容量を測定する。
2) DUT を接続し，ゲート・エミッタ間電圧 V_{GE} 及びコレクタ・エミッタ間電圧 V_{CE} を指定値に設定する。
3) ブリッジを再度ゼロ点調整して容量を測定し，漂遊容量を差し引いた値を帰還容量 C_{res} とする。

d) 試験条件

1) コレクタ・エミッタ間電圧 V_{CE}　　指定値
2) ゲート・エミッタ間電圧 V_{GE}　　指定値
3) 測定周波数 f　　指定値
4) 基準点温度　　指定値

6.4.8 出力容量試験

a) 目的

指定の条件で，供試 IGBT の出力容量を測定する。

b) 試験回路

基本回路を図 22 に示す。

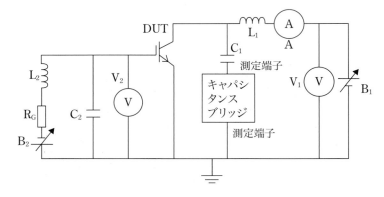

DUT：供試 IGBT
B_1：コレクタ・エミッタ間可変定電圧電源
C_1，C_2：測定用コンデンサ
V_2：ゲート・エミッタ間電源電圧測定用電圧計
B_2：ゲート・エミッタ間可変直流電源
R_G：ゲート抵抗
L_1，L_2：測定用リアクトル
V_1：コレクタ・エミッタ間電圧測定用電圧計

図 22—出力容量測定回路

注記　測定用コンデンサの容量 C_1 及び C_2 は，測定周波数 f において以下の式の条件を満たして短絡回路とみなせるようにすることが望ましい。また，測定用リアクトル L_1 及び L_2 のインダクタンス L_1 及び L_2 は，測定に影響を与えないよう測定周波数において十分に大きくすることが望ましい。

$$2\pi f C_1 > |y_{is}|,\ 2\pi f C_2 > |y_{os}|\ \text{かつ},\ 2\pi f L_1 > 1/|y_{is}|,\ 2\pi f L_2 > 1/|y_{os}|$$

ここに，y_{is}：DUT の入力アドミタンス，y_{os}：DUT の出力アドミタンス

c) 手順

1) 試験回路に供試 IGBT（DUT）を接続していない状態で容量ブリッジのゼロ点調整を行い，漂遊容量を測定する。
2) DUT を接続し，ゲート・エミッタ間電圧 V_{GE} 及びコレクタ・エミッタ間電圧 V_{CE} を指定値に設定する。
3) ブリッジを再度ゼロ点調整して容量を測定し，漂遊容量を差し引いた値を出力容量 C_{res} とする。

d) 試験条件

1) コレクタ・エミッタ間電圧 V_{CE}　　指定値
2) ゲート・エミッタ間電圧 V_{GE}　　指定値
3) 測定周波数 f　　指定値

4） 基準点温度　　指定値

6.4.9　ゲート電荷量試験

a） **目的**

指定の条件で供試 IGBT のゲート電荷量を測定する。

b） **試験回路**

基本回路を**図 23** に，動作波形を**図 24** に示す。

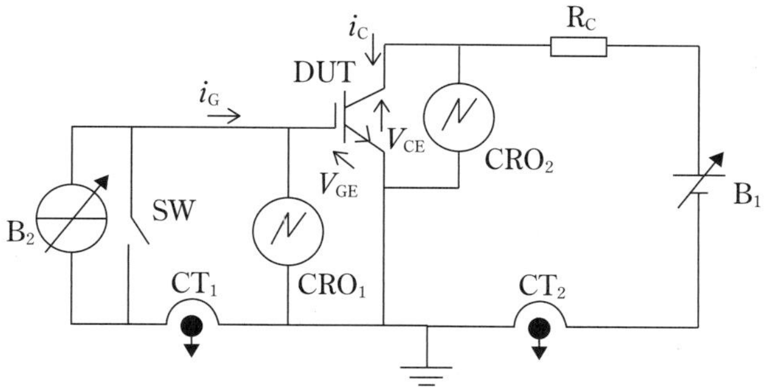

DUT：供試 IGBT
CT_1：ゲート電流測定用電流検出器
CT_2：コレクタ電流測定用電流検出器
CRO_1：ゲート・エミッタ間電圧測定用オシロスコープ
CRO_2：コレクタ・エミッタ間電圧測定用オシロスコープ
B_2：ゲート電流用可変定電流電源
B_1：コレクタ・エミッタ間可変定電圧電源
SW：スイッチ
R_C：電流制限抵抗

図 23―ゲート電荷量試験回路

注記　CRO_1 及び CRO_2 は 2 現象オシロスコープで代用してもよい。

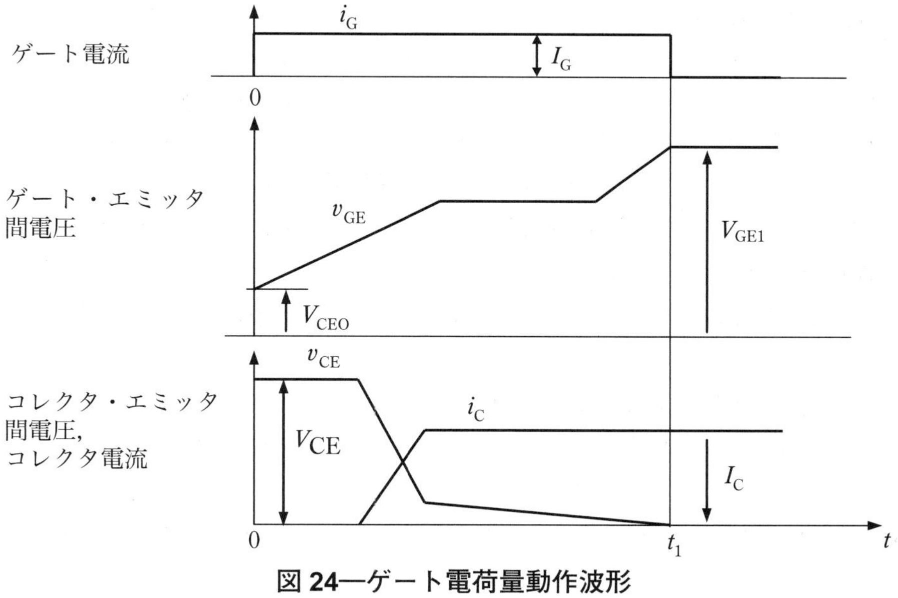

図 24―ゲート電荷量動作波形

c） **手順**

1） 指定のコレクタ電流が流れるように電流制限抵抗 R_C を設定する。

2） $t = 0$ でスイッチ SW を開き，ゲート・エミッタ間電圧 v_{GE} が指定値 V_{GE1} に達する時点 t_1 までゲートに一定電流 I_G を供給する。

3） 時刻 0 から t_1 までの間の v_{GE}，コレクタ・エミッタ間電圧 v_{CE} 及びコレクタ電流 i_C を観測する。

4) 全ゲート電荷量 Q_G を次式によって計算する。

$$Q_G = \int_0^{t_1} i_G(t)\mathrm{d}t = I_G t_1$$

d) 試験条件

1) コレクタ電流 I_C　　指定値
2) コレクタ・エミッタ間電圧 V_{CE}　　指定値
3) $t=0$ 及び t_1 におけるゲート・エミッタ間電圧 V_{GE0}, V_{GE1}　　指定値
4) 基準点温度　　指定値

6.4.10　内部ゲート抵抗試験

a) 目的

指定の条件で供試 IGBT の内部ゲート抵抗 r_G を測定する。

b) 試験回路

基本回路を図 25 に示す。

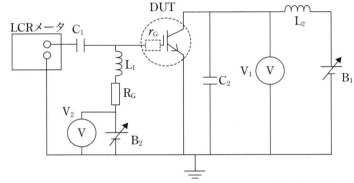

DUT：供試 IGBT　　　　　　　B_1：コレクタ・エミッタ間可変定電圧電源
R_G：ゲート抵抗　　　　　　　B_2：ゲート・エミッタ間可変直流電源
C_1, C_2：測定用コンデンサ　　V_1：コレクタ・エミッタ間電圧測定用電圧計
L_1, L_2：測定用リアクトル　　V_2：ゲート・エミッタ間電源電圧測定用電圧計

図 25―内部ゲート抵抗試験回路

注記　測定用コンデンサの静電容量 C_1 及び C_2 は，測定周波数 f において以下の式の条件を満たして短絡回路とみなせるようにすることが望ましい。また，測定用リアクトル L_1 及び L_2 のインダクタンス L_1 及び L_2 は，測定に影響を与えないよう測定周波数において十分に大きくすることが望ましい。

$$2\pi f C_1 \gg |y_{is}|, \ 2\pi f C_2 \gg |y_{os}| \ \text{かつ}, \ 2\pi f L_1 \gg 1/|y_{is}|, \ 2\pi f L_2 \gg 1/|y_{os}|$$

ここに，y_{is}：DUT の入力アドミタンス，y_{os}：DUT の出力アドミタンス

c) 手順

1) 供試 IGBT（DUT）のコレクタ・エミッタ間電圧 V_{CE} 及びゲート・エミッタ間電圧 V_{GE} を指定の値に保つ。
2) LCR メータによって内部ゲート抵抗 r_G を測定する。

d) 試験条件

1) コレクタ・エミッタ間電圧 V_{CE}　　指定値
2) ゲート・エミッタ間電圧 V_{GE}　　指定値
3) 測定周波数 f　　指定値

4) 基準点温度　　指定値

6.4.11　抵抗負荷スイッチング試験

附属書 A の A.3 による。

　　注記　抵抗負荷スイッチング試験はストロボ光源用やインダクタンス成分が無視できる抵抗負荷用途などに使用される IGBT に限定して適用されるので，**附属書 A** の **A.3**（抵抗負荷スイッチング試験）の記述に移行させて，ここでは記述を省略する。

6.4.12　誘導負荷スイッチング試験

誘導負荷スイッチング時間及びスイッチング損失エネルギー試験を以下に示す。

　　注記　IEC 60747-9：2007 の **6.3.11** 及び **6.3.12** の誘導負荷スイッチング特性及びスイッチング損失エネルギーの測定法に従って改正した。

6.4.12.1　誘導負荷ターンオン時間試験及び誘導負荷ターンオン損失エネルギー試験

a) 目的

指定の条件で誘導負荷電流を供試 IGBT でターンオンしたときのスイッチング時間及びターンオン損失エネルギーを測定する。ここで対象になるのは，誘導負荷ターンオン遅延時間 $t_{d(on)}$，誘導負荷ターンオン上昇時間 t_r，誘導負荷ターンオン時間 t_{on} 及び誘導負荷ターンオン損失エネルギー E_{on} である。

b) 試験回路

基本回路を図 26 に示す。また，動作波形を図 27 に示す。

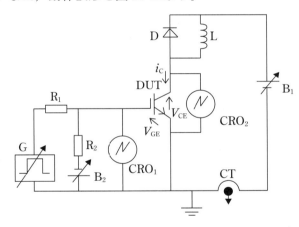

DUT：供試 IGBT
B₁：コレクタ電流供給用可変定電圧電源
B₂：ゲート・エミッタ間逆バイアス用可変直流電源
CRO₁：ゲート・エミッタ間電圧観測用オシロスコープ
CRO₂：コレクタ・エミッタ間電圧観測用オシロスコープ
R₁，R₂：ゲート電流制限用抵抗
L：負荷リアクトル
CT：電流検出器
G：可変パルス電源
D：環流ダイオード

図 26—誘導負荷ターンオン時間及びターンオン損失エネルギー試験回路

　　注記　環流ダイオードは，供試 IGBT に内蔵されるダイオード又は形番のはっきりした外付けダイオードを使用するのが望ましい。

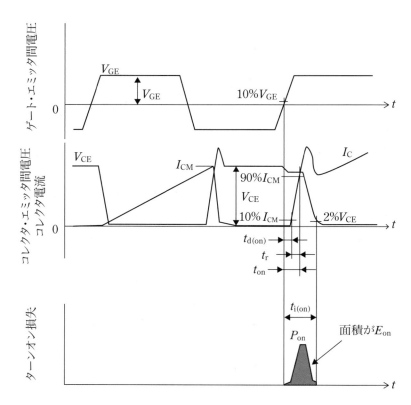

$t_{d(on)}$：誘導負荷ターンオン遅延時間　　　t_r：誘導負荷ターンオン上昇時間
t_{on}：誘導負荷ターンオン時間　　　$t_{i(on)}$：誘導負荷ターンオン積分時間
E_{on}：誘導負荷ターンオン損失エネルギー

図 27―誘導負荷ターンオン時間及びターンオン損失エネルギー試験時の動作波形

注記　誘導負荷ターンオン時のコレクタ電流 I_C はターンオフ時のコレクタ電流 I_{CM} を基準とし（同等とみなし），負荷リアクトルを十分大きな値とする又はターンオフ後の環流期間をなるべく短くするのが望ましい。ただし，環流期間を短くし過ぎると環流ダイオードの過渡特性が現れるので，短くし過ぎないよう注意が必要である。

c) 手順

電源 B_1 によってコレクタ・エミッタ間電圧を指定の値 V_{CE} に設定する。可変パルス電源 G によって供試 IGBT のゲート・エミッタ間を t_p の期間，指定のゲート電流制限用抵抗を通して指定の電圧で順バイアスとしてターンオンさせ，指定のインダクタンスの負荷リアクトルに流れるコレクタ電流を指定の電流 I_C まで立ち上げる。いったんターンオフさせ負荷リアクトル L に電流を環流させた状態で，再度ターンオンさせたときのゲート・エミッタ間電圧 v_{GE}，コレクタ・エミッタ間電圧 v_{CE} 及びコレクタ電流 i_C の波形をオシロスコープ CRO_1，CRO_2 で観測する。

観測した波形から図 27 に示すターンオン時のスイッチング時間（$t_{d(on)}$，t_r，t_{on}）を求める。また，ターンオン損失エネルギー E_{on} を $v_{CE} \times i_C$ の時間積分値として求める。ここで，積分時間 t_i は，ゲート・エミッタ間電圧波形 v_{GE} が 10% に上昇した時点から，コレクタ・エミッタ間電圧波形 v_{CE} が V_{CE} の 2% まで降下した時点までの期間とする。

d) 試験条件

1) コレクタ電流（ターンオン直前のターンオフ電流）　　指定値
2) コレクタ・エミッタ間電圧　　指定値

3) 負荷リアクトル L のインダクタンス　　指定値
4) ゲート・エミッタ間電圧　　指定値
5) ゲート電流制限用抵抗　　指定値
6) 基準点温度　　指定値

6.4.12.2 誘導負荷ターンオフ時間試験及び誘導負荷ターンオフ損失エネルギー試験

a) **目的**

指定の条件で誘導負荷電流を供試 IGBT でターンオフしたときのスイッチング時間及びターンオフ損失エネルギーを測定する。ここで対象になるのは，誘導負荷ターンオフ遅延時間 $t_{d(off)}$，誘導負荷ターンオフ下降時間 t_f，テイル時間 t_t，誘導負荷ターンオフ時間 t_{off} 及び誘導負荷ターンオフ損失エネルギー E_{off} である。

b) **試験回路**

基本回路を図 28 に示す。また，動作波形を図 29 に示す。

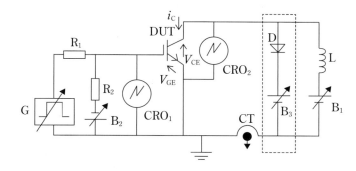

DUT：供試 IGBT
R_1, R_2：ゲート電流制限用抵抗
CT：電流検出器
D：電圧クランプ用ダイオード
G：可変パルス電源
L：負荷リアクトル

B_1：コレクタ電流供給用可変定電圧電源
B_2：ゲート・エミッタ間逆バイアス用可変直流電源
B_3：電圧クランプ用可変直流電源
CRO_1：ゲート・エミッタ間電圧観測用オシロスコープ
CRO_1：ゲート・エミッタ間電圧観測用オシロスコープ
CRO_2：コレクタ・エミッタ間電圧観測用オシロスコープ

図 28―誘導負荷ターンオフ時間及びターンオフ損失エネルギー試験回路

注記　　内は，D 及び B_3 で構成するクランプ回路を示す。

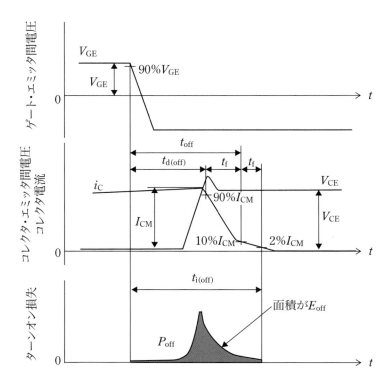

t_off：誘導負荷ターンオフ時間　　　　　　t_t：テイル時間
$t_\text{d(off)}$：誘導負荷ターンオフ遅延時間　　t_f：誘導負荷ターンオフ下降時間
$t_\text{i(off)}$：誘導負荷ターンオフ積分時間　　E_off：誘導負荷ターンオフ損失エネルギー

図 29—誘導負荷ターンオフ時間及び誘導負荷ターンオフ損失エネルギー試験時の動作波形

c) 手順

　クランプ回路の電源 B_3 によりコレクタ・エミッタ間 V_CE を指定の値に設定する。指定のゲート電流制限用抵抗を通して電源 B_2 によってコレクタ・エミッタ間電圧（逆バイアス）を指定の値に設定する。可変パルス電源 G によって指定のゲート・エミッタ間電圧（順バイアスパルス電圧）を印加し，可変定電圧電源 B_1 によって指定のインダクタンスの負荷リアクトルを流れるコレクタ電流 I_C を指定の値に設定する。ターンオフさせたときのゲート・エミッタ間電圧 v_GE，コレクタ・エミッタ間電圧 v_CE 及びコレクタ電流 i_C 波形をオシロスコープ CRO_1，電流検出器 CT で観測する。

　観測した波形から**図 29**に示すターンオフ時のスイッチング時間（$t_\text{d(off)}$，t_f，t_off，t_t，$t_\text{i(off)}$）を求める。また，波形からターンオフ損失エネルギー E_off を $v_\text{CE} \times i_\text{C}$ の時間積分値として求める。ここで，積分時間 $t_\text{i(off)}$ は，ゲート・エミッタ間電圧波形 v_GE が V_GE の 90 ％まで降下した時点から，コレクタ電流波形 i_C がコレクタ電流 I_CM の 2 ％に降下した時点までの期間とする。

d) 試験条件

1) コレクタ電流　　指定値
2) コレクタ・エミッタ間クランプ電圧　　指定値
3) 負荷リアクトル L のインダクタンス　　指定値
4) ゲート・エミッタ間電圧（逆バイアス，順バイアス）　　指定値
5) ゲート電流制限用抵抗　　指定値
6) 基準点温度　　指定値

6.5 熱的特性試験

6.5.1 熱抵抗試験

a) 目的

指定の条件で,供試 IGBT の接合・基準点間の熱抵抗を測定する。

b) 試験回路

基本回路を図 30 に示す。また,動作波形を図 31 に示す。

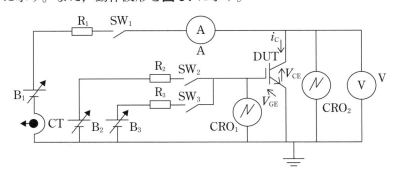

DUT：供試 IGBT
CT：電流検出器
R_1：保護用抵抗
R_2, R_3：ゲート抵抗
A：コレクタ電流測定用電流計
SW_1, SW_2, SW_3：スイッチ

B_1：コレクタ電流供給用可変直流電源
B_2：ゲート・エミッタ間順バイアス用可変直流電源
B_3：接合温度測定時ゲート・エミッタ間順バイアス用可変直流電源
V：コレクタ・エミッタ間電圧測定用電圧計
CRO_1：ゲート電圧観測用オシロスコープ
CRO_2：電圧測定用オシロスコープ

図 30―熱抵抗試験回路

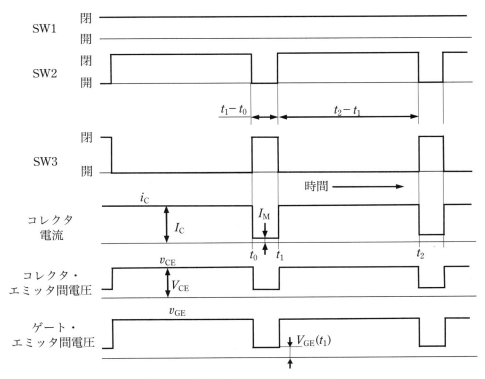

図 31―熱抵抗試験時の動作波形

c) 手順
1) あらかじめ供試 IGBT にゲート・エミッタ間電圧 V_{GE} と接合温度 T_j との間で直線的な関係が得られるコレクタ電流（測定電流）I_M を流し，恒温槽などを用いて接合温度を変化させ，I_M における V_{GE} と T_j との関係を求める（図 32 参照）。
2) スイッチ SW_1，SW_2，SW_3 を図 31 に示すように同期して開閉させ，電源 B_1，B_2 の電圧を調整することによって指定のコレクタ損失が発生するように設定する。
3) 各部の温度が十分飽和した後，基準点温度 T_{ref} を測定するとともに，測定電流 I_M を流しているときのゲート・エミッタ間電圧 v_{GE} の波形を観測する。
4) v_{GE} の観測波形から時刻 t_1 におけるゲート・エミッタ間電圧 $V_{GE}(t_1)$ を求め，V_{GE} と T_j との関係から接合温度 $T_j(t_1)$ を求める。熱抵抗を次式から求める。

$$R_{th(j-ref)} = \frac{T_j(t_1) - T_{ref}}{I_C \times V_{CE}} \quad (K/W)$$

注記 1　測定電流 I_M は，接合加熱用のコレクタ電流 I_C に比べて十分小さく，接合温度上昇への寄与が無視できる程度とする。

注記 2　測定時間 $t_1 - t_0$ は，コレクタ電流通電時間 $t_2 - t_1$ に比べて十分小さく，直流電流計による計測値に影響を与えない程度とする。

d) 試験条件
1) コレクタ損失
   指定値
2) 基準点温度測定点
   指定の測定点
3) 冷却方式及び冷却条件
   指定の方式及び条件

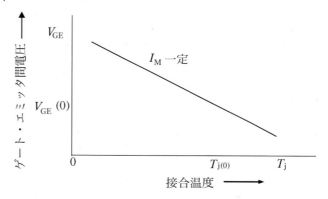

図 32—接合温度 T_j とゲート・エミッタ間電圧 V_{GE} との関係（I_M 一定）

6.5.2 過渡熱インピーダンス試験

a) **目的**　指定の条件で供試 IGBT の接合・基準点間の過渡熱インピーダンスを測定する。

b) **加熱法**

1) 試験回路

6.5.1 と同一試験回路（図 30 参照）。ただし，コレクタ電流測定用電流計 A は省略してもよい。図 33 に動作波形を示す。

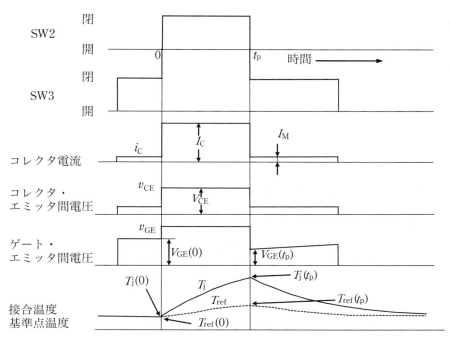

図33—過渡熱インピーダンス試験時の動作波形(加熱法)

2) 手順

2.1) あらかじめ供試 IGBT にゲート・エミッタ間電圧 V_{GE} と接合温度 T_j との間で直線的な関係が得られるコレクタ電流(測定電流)I_M を流し,恒温槽などを用いて接合温度を変化させ,I_M における V_{GE} と T_j との関係を求める(**図 32** 参照)。

2.2) スイッチ SW_2,SW_3 を**図 33** に示すように同期して開閉させて,CT 及びオシロスコープ CRO_1,CRO_2 によって観測してコレクタ電流 I_C,コレクタ・エミッタ間電圧 V_{CE},ゲート・エミッタ間電圧 V_{GE} 及び測定電流 I_M が指定の値になるように電源 B_1,B_2 及び B_3 を設定する。

2.3) 各部の温度が初期状態となるように十分冷却された後,**図 33** に示すように t_p の期間,供試 IGBT を通電しコレクタ損失を発生させる。コレクタ損失発生直前の時刻 0 における基準点温度 $T_{ref}(0)$ を測定し,また CRO_1,CRO_2 によって,測定電流 I_M が指定の値になっていることを確認し,ゲート・エミッタ間電圧 $V_{GE}(0)$ を測定する。同様にコレクタ損失発生直後の基準点温度 $T_{ref}(t_p)$ 及びゲート・エミッタ間電圧 $V_{GE}(t_p)$ を測定する。

2.4) $V_{GE}(0)$ 及び $V_{GE}(t_p)$ から,時刻 0 及び t_p における接合温度 $T_j(0)$,$T_j(t_p)$ を求める。時刻 t_p における過渡熱インピーダンスを次式から求める。

$$Z_{th(j-ref)}(t_p) = \frac{[T_j(t_p) - T_j(0)] - [T_{ref}(t_p) - T_{ref}(0)]}{I_C \times V_{CE}} \quad (K/W)$$

2.5) t_p を変えて同様に過渡熱インピーダンスを求める。

注記 1 コレクタ電流 I_C を流し始める前に,接合温度 $T_j(0)$ 及び基準点温度 $T_{ref}(0)$ が一定値に落ち着くまで十分長い時間おくことが望ましい。

注記 2 測定電流 I_M は,コレクタ損失発生用のコレクタ電流 I_C に比較して十分小さく,接合温度上昇への影響が無視できる程度とする。

3) 試験条件

3.1) コレクタ損失

指定値

3.2) 試験方法
　　　加熱法又は冷却法

3.3) 基準点温度測定点
　　　指定の測定点

3.4) 冷却方式及び冷却条件
　　　指定の方式及び条件

c) 冷却法

1) 試験回路

6.5.1 と同一試験回路（図 30 参照）。図 34 に動作波形を示す。

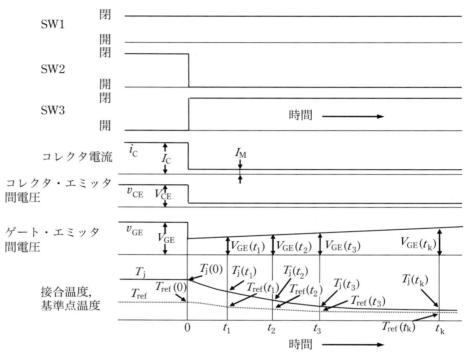

図 34—過渡熱インピーダンス試験時の動作波形（冷却法）

2) 手順

2.1) スイッチ SW_1，SW_2 を閉じ，コレクタ電流 I_C を流し，供試 IGBT を熱的平衡状態に達するまで十分加熱する。

2.2) **6.5.1** の熱抵抗試験と同じ手順によってゲート・エミッタ間電圧 V_{GE} から時刻 0 における基準点温度 $T_{ref}(0)$ を求めるとともに接合温度 $T_j(0)$ を測定する。

2.3) スイッチ SW_2 を開き，SW_3 を閉じる。

2.4) CRO_1 及び温度計によって図 34 のように各時刻 t_1, t_2, t_3, ..., t_k におけるゲート・エミッタ間電圧 $V_{GE}(t_k)$ 及び基準点温度 $T_{ref}(t_k)$ を測定する。

2.5) V_{GE} と T_j との関係から各時刻 t_k における接合温度 $T_j(t_k)$ を求める。各時刻 t_k における過渡熱インピーダンスを次式から求める。

$$Z_{th(j-ref)}(t_k) = \frac{[T_j(t_k) - T_j(0)] - [T_{ref}(t_k) - T_{ref}(0)]}{I_C \times V_{CE}} \quad (K/W)$$

注記　コレクタ電流 I_C の通電時間は，接合温度及び基準点温度が一定値に落ち着くまで十分長い時間とすることが望ましい。

3) 試験条件

3.1) コレクタ損失   指定値

3.2) 試験方法   加熱法又は冷却法

3.3) 基準点温度測定点   指定の測定点

3.4) 冷却方式及び冷却条件   指定の方式及び条件

6.6 電気的耐久性試験

耐久性試験を導入する理由・経緯及び **6.6.1** から **6.6.4** の試験項目の試験の趣旨

IEC 60747-9：2007 の **Table 3** に従って電気的耐久性試験を以下のとおり導入する。

この試験は，形式試験の一環として，試験サンプルが指定の主端子間逆バイアス試験及び制御端子間逆バイアス印加試験，並びに指定の条件での主端子間断続通電に耐えることを確認するために行う（**JEC-2402：2002** の **5.6** 及び **JEC-2406：2004** を参照）。

したがって，信頼性試験として実施する場合は他の規格[k)] に基づいて試験を実施する必要がある。

　注[k)]　例えば **JEITA ED-4701/100A** 半導体デバイスの環境及び耐久試験方法（寿命試験Ⅰ）及び **JEITA ED-4701/600** 半導体デバイスの環境及び耐久試験方法（個別半導体特有の試験）。

なお，試験対象の IGBT の内部組立て構造又は封止構造が同等の品種ならば，試験対象 IGBT の耐久試験の実績をその品種の試験実績とみなすことができる。

IGBT の電気的耐久性試験における合格判定特性及び合格判定基準，並びに電気的耐久性試験法を以下に示す。

a)　合格判定特性及び合格判定基準

IGBT の電気的耐久性試験における合格判定特性，合格判定基準を**表 9** に示す（**IEC 60747-9：2007** の **7.2.3** を参照）。合格判定特性の測定はこの規格の定格・特性の試験に従う。

なお，**表 8** 及び**表 9** の中の USL 又は LSL の絶対値は，**表 7** の試験と**表 8** の試験との間で異なる場合もあるので，形式試験の際に認定者又は使用者との間の協議によって決めることが望ましい。

　注記　特性は，他の特性測定による影響をなくすために，**表 9** に示す順序で測定しなければならない。

表 9—IGBT の耐久性試験後の合格判定基準

合格判定特性	合格判定基準
コレクタ・エミッタ間遮断電流 I_{CES} 又は I_{CEX}	I_{CES} 又は $I_{CEX} \leq$ USL
ゲート・エミッタ間漏れ電流 I_{GES}	$I_{GES} \leq$ USL
ゲート・エミッタ間しきい値電圧 $V_{GE(th)}$	LSL $\leq V_{GE(th)} \leq$ USL
コレクタ・エミッタ間飽和電圧 V_{CEsat}	$V_{CEsat} \leq$ USL
熱抵抗 $R_{th(j-C)}$	$R_{th(j-C)} \leq$ USL

　注記　USL：指定の上限値　LSL：指定の下限値

b)　試験時間

6.6.1 ～ **6.6.3** の電気的耐久性試験の試験時間は，次の中から選択して指定することが望ましい。

168 h，336 h，672 h，1 000 h，2 000 h，5 000 h，10 000 h

6.6.1 高温逆バイアス試験[l)]

　注[l)]　高温逆バイアス試験という試験名称とするが，オフ状態の IGBT に順電圧を印加する試験である。この観点に基づいて高温オフバイアス試験と称する場合がある。

a)　目的

指定の条件で，供試 IGBT が指定の時間，指定のコレクタ・エミッタ間電圧の印加に耐えることを確認

する。

b) 試験回路

基本回路を図35に示す。

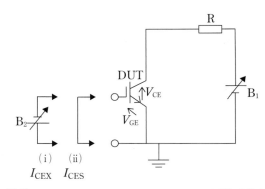

DUT：供試IGBT　　B₁：コレクタ・エミッタ間可変直流電源
R：保護用抵抗　　　B₂：ゲート・エミッタ間可変直流電源

図35—高温逆バイアス試験回路 [m]

注 [m]　I_{CEX}，I_{CES} は，各ゲート・エミッタ間の条件でのコレクタ・エミッタ間遮断電流を示す。以下に用いる $I_{CE\_}$ の記号の _ には，コレクタ・エミッタ間の条件に応じてX又はSを当てはめる。図35の中の(i)，(ii)に対応した条件を表している。

c) 手順

1) ゲート・エミッタ間を指定の条件とし，コレクタ・エミッタ間に指定の電圧を指定の時間印加する。
2) 供試IGBT（DUT）の合格判定特性が表9の合格判定基準を満たしていることを確認する。

d) 試験条件

1) コレクタ・エミッタ間電圧 V_{CE}

   定格コレクタ・エミッタ間電圧 V_{CE} の80％程度とすることが望ましい。

2) 温度

   接合温度 T_j を最高接合温度 $T_{j(max)}$ より5℃低く又はケース温度 T_C を定格最高保存温度 $T_{stg(max)}$ より5℃低く指定することが望ましい。

3) ゲート・エミッタ間電圧 V_{GE}

   B₂による逆バイアス又は短絡。

6.6.2 高温ゲートバイアス試験

a) 目的

指定の条件で，供試IGBT（DUT）が指定のゲート・エミッタ間電圧印加に耐えることを確認する。

b) 試験回路

基本回路を図36に示す。

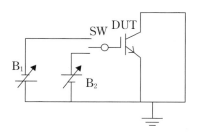

DUT：供試 IGBT　　　B₁, B₂：正又は負のゲート・エミッタ間可変直流電源
SW：ゲート・エミッタ間電圧切換スイッチ

図 36―高温ゲートバイアス試験回路

c) **手順**

1) コレクタ・エミッタ間を短絡し，ゲート・エミッタ間に正のゲート・エミッタ間電圧 V_{GE2} 及び負のゲート・エミッタ間電圧 V_{GE1} を交互に切り換えて印加する。

2) 供試 IGBT（DUT）の合格判定特性が**表 9** の合格判定基準を満たしていることを確認する。

d) **試験条件**

1) ゲート・エミッタ間電圧 V_{GE1} 及び V_{GE2}
   定格ゲート・エミッタ間電圧 V_{GES} とすることが望ましい。

2) 温度
   接合温度 T_j を最高接合温度 $T_{j(max)}$ より 5 ℃低く，又はケース温度 T_C を定格最高保存温度 $T_{stg(max)}$ より 5 ℃低く指定することが望ましい。

3) コレクタ・エミッタ間電圧　　短絡

6.6.3　断続動作寿命試験（方法 A）

a) **目的**

指定の条件で，供試 IGBT が指定のサイクル数，**図 37** に例示する通電モードにおける接合温度の変化により生じる熱ひずみストレスに耐えることを確認する。

b) **試験回路**

IGBT の断続動作寿命試験回路（方式 A）を**図 37** に示す。

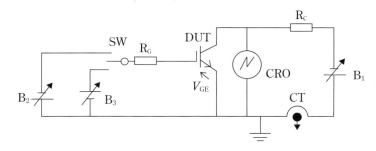

DUT：供試 IGBT　　　　　　　　　　　　CT：電流検出器
B₁：コレクタ電流供給用電源　　　　　　 R_G：ゲート抵抗
B₃, B₂：正及び負のゲート・エミッタ間可変直流電源　　R_C：コレクタ電流制限抵抗
CRO：コレクタ・エミッタ間電圧観測用オシロスコープ　SW：ゲート・エミッタ間電圧切換スイッチ

図 37―断続動作寿命試験回路（方法 A）

DUT のオン・オフによるコレクタ損失の発生・休止時間幅と接合温度変化 ΔT_j との関係を表した模式図を**図 38** に示す。

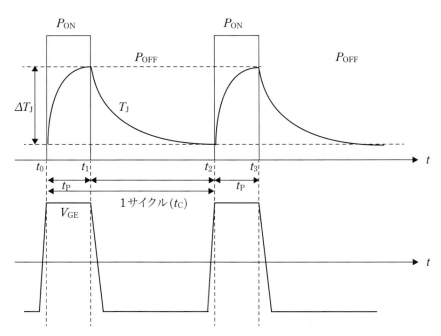

図38—DUTのオン・オフと接合温度変化 ΔT_j の模式図

c) 手順
1) ゲート・エミッタ間に指定の逆バイアス電圧を印加する。
2) コレクタ・エミッタ間に指定の電圧を印加する。
3) ゲート・エミッタ間に指定の電圧をオン時間 t_p の間印加する。
4) オン時間 t_p が終了すると，ゲート・エミッタ間を指定の逆バイアス電圧印加状態にして，オン状態からオフ状態に移行する。
5) オフ時間（$t_c - t_p$）の期間オフ状態を持続する。
6) 上記のオン・オフ動作を指定の時間（サイクル数）繰り返す。
7) 供試IGBT（DUT）の合格判定特性が**表9**の合格判定基準を満たしていることを確認する。

d) 試験条件
コレクタ電流 I_C，ゲート・エミッタ間電圧 V_{GE}，t_p 及び（$t_c - t_p$）は，接合温度の変化幅が指定値 ΔT_j になるように指定する。ただし，DUTのケース温度 T_C は，一定となるようにするか又は ΔT_C の変化幅を ΔT_j に対して十分に小さい値とする。

e) 期待寿命回数と温度上昇 ΔT_j との関係
期待寿命回数と温度上昇 ΔT_j との関係は断続動作サイクル数とDUTの接合温度変化幅に依存して異なるので，一般的にはデータブック類の中で代表品種における推奨領域図で示されている。
推奨領域図の例を**附属書D**内に記載する。

6.6.4 断続動作寿命試験（方法B）

a) 目的
指定の条件で供試IGBTが指定のサイクル数，**図38**に例示する指定の通電モードにおける接合温度の変化によって生じる熱ひずみストレスに耐えることを確認する。

b) 試験回路
IGBTの断続動作寿命試験回路（方式B）を**図39**に示す。
IGBTのオン・オフに基づいたコレクタ損失 P_{on} によるDUTの接合温度変化 ΔT_j 図及びIGBTをオフか

らオンへ又はオンからオフへと繰り返すためのゲート・エミッタ間電圧の模式図は**図38**と同様である。

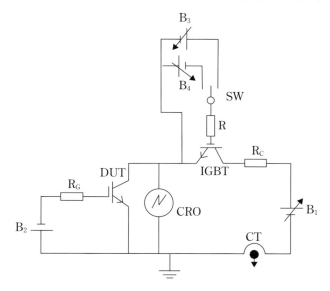

DUT：供試IGBT
B₁：コレクタ電流供給用電源
B₂：負のゲート・エミッタ間直流電源
B₃，B₄：正及び負のゲート・エミッタ間可変直流電源
IGBT：通電電流オン・オフ切換スイッチ回路用素子
CRO：コレクタ・エミッタ間電圧観測用オシロスコープ
CT：電流検出器
R：スイッチ回路用ゲート抵抗
R_G：ゲート抵抗
R_C：コレクタ電流制限抵抗
SW：通電電流の切換スイッチ回路

図39—IGBT の断続動作寿命試験回路（方法 B）

c) 手順
1) 供試IGBT（DUT）のゲート・エミッタ間に指定の逆バイアス電圧B_2を印加する。
2) コレクタ電流供給用電源B_1を指定の電圧に設定する。
3) 指定のコレクタ電流が周期t_Cのうちオン時間t_pの期間供試IGBT（DUT）に流れるように通電電流のオン・オフ切換スイッチ回路のゲート・エミッタ電圧を制御する。
4) 上記のオン・オフ動作を指定の時間（サイクル数）繰り返す。
5) 供試IGBT（DUT）の合格判定特性が**表9**の合格判定基準を満たしていることを確認する。

d) 試験条件
コレクタ電流I_C，ゲート・エミッタ間電圧V_{GE}，t_p及び$(t_C - t_p)$は，接合温度の変化幅が指定値ΔT_jになるように指定する。ただし，DUTのケース温度T_Cは，一定となるようにするか又はΔT_Cの変化幅をΔT_jに対して十分に小さい値とする。

e) 期待寿命回数と温度上昇 ΔT_j との関係
推奨領域図の例を**附属書D**内に記載する。

7 表示
IGBTには次の事項を鮮明にかつ消えないように表示する。
a) 製造業者名又はその商標
b) 形式
c) 端子記号

附属書 A

（規定）

抵抗負荷回路用 IGBT の定格・特性項目及び抵抗負荷スイッチング試験

A.1 抵抗負荷回路に使用される IGBT の定格・特性及び規定項目

抵抗負荷回路に使用される IGBT の定格・特性及び規定項目を**表 A.1** に示す。

表内の記号は，A：必ず規定する項目，B：標準値又は代表値でも可とする項目，及び C：使用者と合意した試験条件により規定する項目であることを示す。

表 A.1 ストロボ光源やインダクタンス成分が無視できる抵抗負荷回路用 IGBT の定格・特性及び規定項目

定格・特性		項目番号	規定項目
電気的定格	定格コレクタ・エミッタ間電圧	5.3.1	A
	定格ゲート・エミッタ間電圧	5.3.2	A
	定格コレクタ電流	5.3.3	A
	定格ゲート静電耐量	5.3.4	C
	定格コレクタ損失	5.3.5	A
	順バイアス安全動作領域	5.3.6	C
	逆バイアス安全動作領域	5.3.7	B
	短絡耐量	5.3.8	B
温度定格	定格接合温度	5.4.1	A
	定格保存温度	5.4.2	A
電気的特性	コレクタ・エミッタ間遮断電流	5.5.1	A
	ゲート・エミッタ間漏れ電流	5.5.2	A
	コレクタ・エミッタ間飽和電圧	5.5.3	A
	コレクタ・エミッタ間サステーニング電圧	5.5.4	C
	ゲート・エミッタ間しきい値電圧	5.5.5	A
	入力容量	5.5.6	B
	帰還容量	5.5.7	B
	出力容量	5.5.8	B
	ゲート電荷量	5.5.9	B
	内部ゲート抵抗	5.5.10	B
	抵抗負荷ターンオン遅延時間	5.5.11.1	B
	抵抗負荷ターンオン上昇時間	5.5.11.2	B
	抵抗負荷ターンオン時間	5.5.11.3	B
	抵抗負荷ターンオフ遅延時間	5.5.11.4	B
	抵抗負荷ターンオフ下降時間	5.5.11.5	B
	抵抗負荷ターンオフ時間	5.5.11.6	B
	抵抗負荷ターンオン損失エネルギー	5.5.11.7	B
	抵抗負荷ターンオフ損失エネルギー	5.5.11.8	B
熱的特性	熱抵抗	5.6.1	A
	過渡熱インピーダンス	5.6.2	A
機械的定格	端子に関する強度定格	5.7.1	C
	取付けに関する強度定格	5.7.2	C

A.2 抵抗負荷回路に使用される IGBT の試験項目及び試験の種類

抵抗負荷回路に使用される IGBT の試験項目及び試験の種類を**表 A.2** に示す。

表内の記号は，A：必ず試験する項目，C：使用者と合意した試験条件により試験する項目であることを示す。

表 A.2 試験項目及び試験の種類

	試験項目	試験項目番号	形式試験	常規試験	定格特性項目番号
電気的定格試験	コレクタ・エミッタ間電圧試験	6.3.1	A	A	5.3.1
	ゲート・エミッタ間電圧試験	6.3.2	A	A	5.3.2
	コレクタ電流試験	6.3.3	A	A	5.3.3
	ゲート静電耐量試験	6.3.4	A	C	5.3.4
	順バイアス安全動作領域試験	附属書 B.2	A	C	5.3.6
	逆バイアス安全動作領域試験	6.3.5	A	C	5.3.7
	短絡耐量試験	6.3.6	A	C	5.3.8
電気的特性試験	コレクタ・エミッタ間遮断電流試験	6.4.1	A	A	5.5.1
	ゲート・エミッタ間漏れ電流試験	6.4.2	A	A	5.5.2
	コレクタ・エミッタ間飽和電圧試験	6.4.3	A	A	5.5.3
	コレクタ・エミッタ間サステーニング電圧試験	6.4.4	A	C	5.5.4
	ゲート・エミッタ間しきい値電圧試験	6.4.5	A	A	5.5.5
	入力容量試験	6.4.6	A	C	5.5.6
	帰還容量試験	6.4.7	A	C	5.5.7
	出力容量試験	6.4.8	A	C	5.5.8
	ゲート電荷量試験	6.4.9	C	C	5.5.9
	内部ゲート抵抗試験	6.4.10	C	C	5.5.10
	抵抗負荷スイッチング試験	附属書 A.3	A	A	5.5.11
	抵抗負荷ターンオン遅延時間	附属書 A.3	A	C	5.5.11.1
	抵抗負荷ターンオン上昇時間	附属書 A.3	A	C	5.5.11.2
	抵抗負荷ターンオン時間	附属書 A.3	A	A	5.5.11.3
	抵抗負荷ターンオフ遅延時間	附属書 A.3	A	C	5.5.11.4
	抵抗負荷ターンオフ下降時間	附属書 A.3	A	C	5.5.11.5
	抵抗負荷ターンオフ時間	附属書 A.3	A	A	5.5.11.6
	抵抗負荷ターンオン損失エネルギー	附属書 A.3	A	C	5.5.11.7
	抵抗負荷ターンオフ損失エネルギー	附属書 A.3	A	C	5.5.11.8
熱的特性試験	熱抵抗試験	6.5.1	A	C	5.6.1
	過渡熱インピーダンス試験	6.5.2	A	C	5.6.2
機械的強度試験	端子に関する強度試験	－	A	C	5.7.1
	取付けに関する強度試験	－	A	C	5.7.2
外　観　検　査		－	A	A	－

A.3 抵抗負荷スイッチング試験

A.3.1 試験対象となる IGBT の用途

抵抗負荷スイッチング試験はストロボ光源用やインダクタンス成分が無視できる抵抗負荷用途などに使用される IGBT に適用される。

A.3.2 試験方法

a) 目的

指定の条件で，供試 IGBT の抵抗負荷スイッチング時間及びスイッチング損失エネルギーを測定する。

b) 試験回路及び動作波形

基本回路を**図 A.1** に示す。また，動作波形を**図 A.2** に示す。

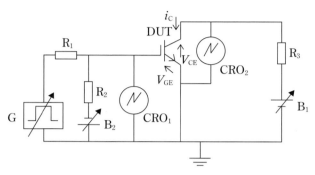

DUT：供試 IGBT　　　　　　B_1：コレクタ電流供給用可変定電圧電源

R_1, R_2：ゲート抵抗　　　　B_2：ゲート・エミッタ間逆バイアス用可変直流電源

G：可変パルス電源　　　　　CRO_1：ゲート・エミッタ間電圧観測用オシロスコープ

R_3：無誘導負荷抵抗　　　　CRO_2：コレクタ・エミッタ間電圧観測用オシロスコープ

図 A.1―抵抗負荷スイッチング時間及びスイッチング損失エネルギー試験回路

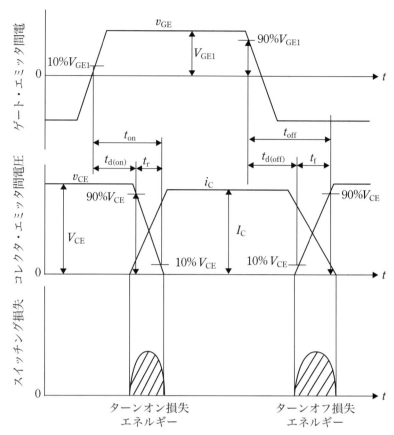

$t_{d(on)}$：抵抗負荷ターンオン遅延時間　　t_r：抵抗負荷ターンオン上昇時間
t_{on}：抵抗負荷ターンオン時間　　$t_{d(off)}$：抵抗負荷ターンオフ遅延時間
t_f：抵抗負荷ターンオフ下降時間　　t_{off}：抵抗負荷ターンオフ時間

図 A.2―抵抗負荷スイッチング時間及びスイッチング損失エネルギー試験時の動作波形

c) 手順

電源 B_1 の電圧，無誘導負荷抵抗 R_3 を指定のコレクタ電流値 I_C（＝B_1 の電圧 /R_3 の抵抗値）となるように設定する。供試 IGBT にパルス電源 G 及び直流電源 B_2 により指定のゲート・エミッタ間電圧を印加してパルス通電する。オシロスコープで**図 27** に示すようなゲート・エミッタ間電圧 v_{GE} 及びコレクタ・エミッタ間電圧 v_{CE} の波形を観測する。各スイッチング時間を **5.5.11.1 ～ 5.5.11.6** の定義に従って測定する。

d) 試験条件
 1) 可変定電圧電源 B_1 の電圧　　指定値
 2) コレクタ電流　　指定値
 3) ゲート・エミッタ間順電圧及び逆電圧　　指定値
 4) 基準点温度　　指定値

附属書 B
（参考）
順バイアス安全動作領域試験

B.1 試験の実施条件
この試験は試験対象の IGBT のチップの設計上の制約又は適用回路における動作条件の観点から見て，実施が必要と判断される場合に実施する。

B.2 順バイアス安全動作領域試験
この試験の試験法には過渡熱インピーダンス法，ラッチング法及び丘越え法の三種類がある。これらの試験は，指定の条件で供試 IGBT が順バイアス安全動作領域において安全に動作することを確認することによって実施する。

B.2.1 過渡熱インピーダンス法
a) 試験回路

基本回路を図 B.1 に示す。また，動作波形を図 B.2 に示す。

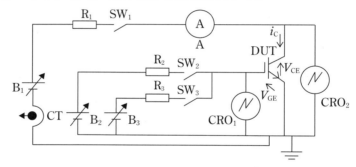

DUT：供試 IGBT
B$_1$：コレクタ損失供給可変定電圧電源
B$_2$：ゲート・エミッタ間順バイアス用可変直流電源
B$_3$：接合温度測定時ゲート・エミッタ間順バイアス用可変直流電源
SW$_1$，SW$_2$，SW$_3$：スイッチ

R$_1$：保護用抵抗
R$_2$，R$_3$：ゲート抵抗
CT：電流検出器
CRO$_1$，CRO$_2$：オシロスコープ

図 B.1―順バイアス安全動作領域試験回路（過渡熱インピーダンス法）

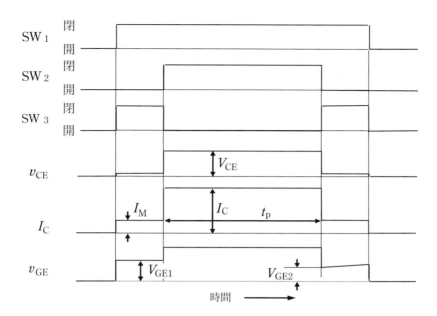

図 B.2—順バイアス安全動作領域試験（過渡熱インピーダンス法）時の動作波形

注記　この試験では，**5.5.2** と同様の方法であらかじめ SW_1，SW_3 を閉じて供試 IGBT にコレクタ電流 I_M を流して I_M におけるゲート・エミッタ間電圧 V_{GE} を測定する。I_M は，V_{GE} と接合温度 T_j との直線性が得られる値とし，恒温槽などを用いて接合温度を変化させ，V_{GE} と T_j との関係を求める。

b) 手順

1) 図 **B.2** に示すようにスイッチ SW_1，SW_2 及び SW_3 を周期的に開閉動作させる。指定のパルス幅 t_p の期間 SW_2 を閉じて順バイアス安全動作領域となるコレクタ・エミッタ間電圧 V_{CE} 及びコレクタ電流 I_C を供試 IGBT である DUT に加える。ただし，I_C は定格コレクタ電流以下，V_{CE} は定格コレクタ・エミッタ間電圧以下の値とする。

2) SW_2 を閉じる前後，スイッチ SW_3 を閉じて DUT にコレクタ電流 I_M を通電し，そのときのゲート・エミッタ間電圧 V_{GE1} 及び V_{GE2} を測定する。その値から **6.5.2** の過渡熱インピーダンス試験法に従って接合温度を求め，定格接合温度以下であることを確認する。

3) 試験後，供試 IGBT の特性に異常がないことを確認する。

B.2.2 ラッチング法

a) 試験回路

基本回路を図 **B.3** に示す。また，動作波形を図 **B.4** に示す。

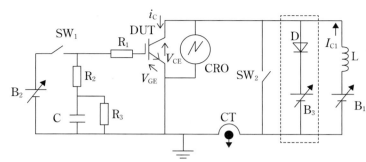

DUT：供試 IGBT
B₁：コレクタ電流供給用可変定電圧電源
B₂：ゲート・エミッタ間順バイアス用可変直流電源
B₃：コレクタ・エミッタ間電圧クランプ用可変直流電源
L：負荷リアクトル
C：コンデンサ

R₁，R₂：ゲート抵抗
CT：電流検出器
R₃：放電用抵抗
SW₁，SW₂：スイッチ
D：電圧クランプ用ダイオード
CRO：オシロスコープ

図 B.3—順バイアス安全動作領域試験回路（ラッチング法）

注記 1 B₁ は，可変定電流機能付の可変定電圧電源を使用する。

注記 2 ☐ 内は，コレクタ・エミッタ間電圧をクランプするためのクランプ回路を示す。

b) 手順

電源 B₁，B₂ により供試 IGBT である DUT にコレクタ電流及びゲート・エミッタ間電圧を加えられるようにした状態で，スイッチ SW₁，SW₂ を図 **B.4 a)** に示すように閉・開させると DUT は次の五つのモードで動作する。

1) モード 1（SW₁ 閉，SW₂ 閉） B₁ から定電流 I_{C1} が SW₂ を通して環流する。B₂ によってコンデンサ C が充電され，DUT のゲート・エミッタ間電圧 v_{GE} は V_{GE1} となる。動作点は，**図 B.4 B)** の出力特性では原点にある。

2) モード 2（SW₂ 開） I_C が DUT に転流する。コレクタ・エミッタ間電圧 v_{CE} は飽和電圧 V_{CE1} となり，動作点は V_{CE1} 及び I_C で決まる P_1 に移動する。

3) モード 3（SW₁ 開） SW₁ をオフすると，コンデンサ C が放電し v_{GE} は徐々に低下するが，DUT は飽和状態にあるため I_C は B₁ から供給されて減らず，v_{CE} も低い値のままである。例えば，v_{GE} が V_{GE1} から V_{GE2} に減少しても，動作点は P_1 にとどまっている。

4) モード 4 v_{GE} が減少して DUT は能動状態となり，v_{CE} が増大する。動作点は，P_2 に移動する。

5) モード 5 v_{GE} がさらに低下し，i_C が減少していく。v_{CE} はクランプ回路でクランプされ電源 B₃ の電圧 V_C となる。v_{GE} がゲート・エミッタ間しきい値電圧以下になると DUT が遮断され，動作点は P_3 に移動する。SW₂ をオンするとコレクタ・エミッタ間が短絡され v_{CE} もゼロとなり，動作点は原点に戻る。この動作を繰り返しながら V_C 又は I_{C1} を増加させていく。ラッチング動作に突入した場合，**図 B.4 a)** にハッチングで示すような i_C の急増と v_{CE} の低下が現れ，出力特性の軌跡は**図 B.4 b)** の A 部に示すようになる。このような異常波形が生じる寸前の V_C 及び I_{C1} がラッチング動作突入寸前の状態であり，順バイアス安全動作領域の限界である。

6) 試験後，供試 IGBT の特性に異常がないことを確認する。

57
JEC-2405：2015

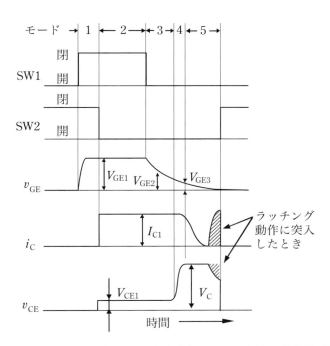
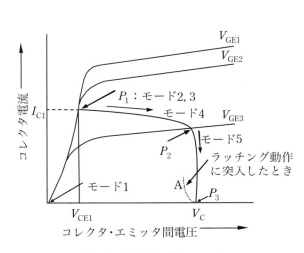

(a) 順バイアス安全動作領域試験（ラッチング法）の動作波形　　　　　(b) 出力特性と動作モード

図 B.4—順バイアス安全動作領域試験（ラッチング法）時の動作波形及び出力特性と動作モード

B.2.3　丘越え法

a)　試験回路

基本回路を図 B.5 に示す。

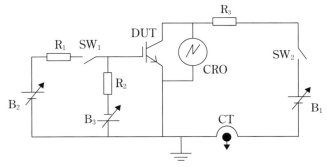

DUT：供試 IGBT　　　　　　　　　　　　　　　R_1，R_2：ゲート抵抗
B_1：コレクタ損失供給用可変直流電源　　　　　　R_3：保護用抵抗
B_2：ゲート・エミッタ間順バイアス用可変直流電源　CT：電流検出器
B_3：ゲート・エミッタ間逆バイアス用可変直流電源　CRO：オシロスコープ
SW_1，SW_2：スイッチ

図 B.5—順バイアス安全動作領域試験回路（丘越え法）

b)　手順

1) 所要のコレクタ電流が流れるように電源 B_2 でゲート・エミッタ間電圧を設定する。

2) 電源 B_1 の出力電圧を比較的低い電圧に設定し，SW_1，SW_2 を同時に開閉して t_p の期間だけ供試 IGBT を通電させる。CRO でコレクタ・エミッタ間電圧 v_{CE} 及びコレクタ電流 i_C の波形を観測しながら徐々に電圧を上げていく。**図 B.6 a)** にハッチングで示すような v_{CE} の低下及び i_C の急激な上昇が現れない限界のコレクタ・エミッタ間電圧 V_m を求める。この現象を**図 B.6 b)** で説明する。B_1 の電圧を徐々に上げていくと，動作点は P_1，P_2 と右側に移動していく。さらに電圧を上げると

ピーク点 P_m を越えて点 P_S に下がる軌跡となる。このピーク点 P_m が図 B.6 a) の波形の乱れが起きない限界の点に相当する。

3) 次にパルス幅 t_p を変えて同様な測定をすることによって，安全動作領域が求められる。

4) 試験後，供試 IGBT の特性に異常がないことを確認する。

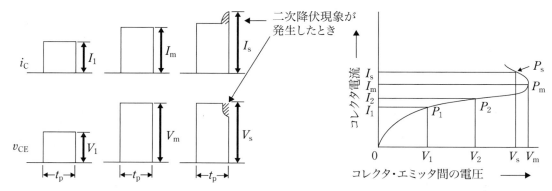

(a) コレクタ・エミッタ間電圧とコレクタ電流の波形　　(b) 動作点軌跡

図 B.6—コレクタ・エミッタ間電圧とコレクタ電流の波形及び動作点軌跡

c) **試験条件**

1) 試験方法

過渡熱インピーダンス法，ラッチング法又は丘越え法

過渡熱インピーダンス試験法の場合，単発パルスか繰返しパルスかの区別

2) 基準点温度

指定値

附属書 C

（参考）

コレクタ・エミッタ間降伏電圧試験

C.1 試験の実施条件

IGBT の限界を評価するためにコレクタ・エミッタ間降伏電圧を測定することがある。ここではその試験方法を解説する。この試験は，IGBT の定格を超える可能性があり，試験後に供試 IGBT の特性が変化する又は供試 IGBT を破損させることがある。試験データを表示する場合には試験条件を限定して実施することが望ましい。

C.2 試験方法

a) 目的

指定の条件で供試 IGBT のコレクタ・エミッタ間降伏電圧を測定する。

b) 試験回路

直流法と交流法とがある。それぞれの試験回路を**図 C.1** に示す。

c) 手順

供試 IGBT（DUT）のゲート・エミッタ間を指定の条件に保つ。

コレクタ・エミッタ間電圧を上昇させ，コレクタ電流が指定の電流 I_C になったときのコレクタ・エミッタ間降伏電圧 $V_{BR(CES)}$ を測定する。

試験後，コレクタ・エミッタ間遮断電流（ゲート・エミッタ間短絡），ゲート・エミッタ間漏れ電流（コレクタ・エミッタ間短絡），コレクタ・エミッタ間飽和電圧，ゲート・エミッタ間しきい値電圧を測定し，所定の値に入っていることを確認する。

d) 試験条件

1) ゲート・エミッタ間条件

・指定の逆バイアス電圧印加（B_2 の電圧）

・指定の抵抗接続（R_G の抵抗値）

・短絡

2) コレクタ電流 I_C　　指定値

3) 基準点温度　　指定値

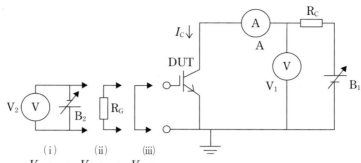

DUT：供試 IGBT
B₁：コレクタ・エミッタ間可変直流電源
V₂：ゲート・エミッタ間電圧測定用電圧計
A：コレクタ電流測定用電流計
B₂：ゲート・エミッタ間逆バイアス用可変直流電源
R_G：ゲート・エミッタ間抵抗
R_C：保護用抵抗
V₁：コレクタ・エミッタ間電圧測定用電圧計

(a) 直流法回路

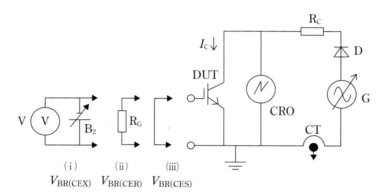

DUT：供試 IGBT
G：コレクタ・エミッタ間可変交流電源
CT：電流検出器
D：整流用ダイオード
B₂：ゲート・エミッタ間逆バイアス用可変直流電源
R_G：ゲート・エミッタ間抵抗　R_C：保護用抵抗
V：ゲート・エミッタ間電圧測定用電圧計
CRO：コレクタ・エミッタ間電圧観測用オシロスコープ

(b) 交流法回路

図 C.1―コレクタ・エミッタ間降伏電圧試験の直流法回路及び交流法回路 [1]

注 [1]　$V_{BR(CEX)}$，$V_{BR(CER)}$ 及び $V_{BR(CES)}$ は，各ゲート・エミッタ間条件でのコレクタ・エミッタ間電圧を示す。

附属書D
(参考)
断続動作寿命試験の断続動作サイクル数と接合温度変化幅の推奨動作領域

期待寿命回数と温度上昇 ΔT_j との関係は断続動作サイクル数とDUTの接合温度変化幅とに依存して異なるので,一般的にはデータブック類の中で代表品種における推奨領域図で示されている。

断続動作サイクル数とDUTの接合温度変化幅との推奨動作領域図の例を図D.1に示す。

注記 ケース温度 T_C 一定の試験条件下でのDUTに与える熱ひずみストレスは,ワイヤボンディングタイプのデバイスの場合チップのワイヤボンディング部分に集中する。T_C を接合温度 T_j とともに変化させる試験条件下でのDUTに与える熱ひずみストレスは主にDUTの中のチップのはんだ接続部又は圧接部に集中する。DUTの電極引出し構造によってこれらの熱ひずみストレスの集中の度合いが異なるので,使用される断続動作条件を考慮した試験条件を採用することが望ましい。

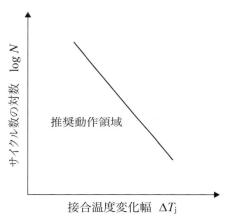

図D.1―断続動作サイクル数とDUTの接合温度変化幅の推奨動作領域

附属書 E

（参考）

冷却方式の種類及びその定義

半導体電力変換装置における半導体バルブデバイスの冷却方式の一例を下記に示す．詳細は，**JEC-2410：1998**（半導体電力変換装置）**2.12.14**（冷却方式の分類）による．

a) **自冷式**　周囲の空気の自然対流による冷却方式

b) **風冷式**　強制送風による冷却方式

c) **水冷式**　水を用いた冷却方式

d) **蒸発冷却式**　冷媒の気化潜熱を利用する冷却

附属書 F

（参考）

電気用図記号と文字記号

この規格に使用した電気用図記号及び文字記号を**表 F.1** に示す。

表 F.1—電気用図記号及び文字記号

名称	図記号	文字記号	名称	図記号	文字記号
交流電源		G	接地		
可変交流電源		G	電流計		A
直流電源		B	電圧計		V
可変直流電源		B	オシロスコープ		CRO
可変パルス電源		B	スイッチ		SW
抵抗		R	スイッチ（単極双投形）		SW
コンデンサ		C	整流ダイオード		D
リアクトル		L	絶縁ゲートバイポーラトランジスタ		提供 IGBT 又は DUT
電流源		B	電流検出器		CT

附属書 G

（参考）

絶縁ゲートバイポーラトランジスタの定格・特性名称と文字記号

この規格に使用した絶縁ゲートバイポーラトランジスタの定格・特性名称と文字記号を表 G.1 ～表 G.6 に示す。

G.1 電圧

No.	名称（和文）	名称（英文）	文字記号 [a]
1	コレクタ・エミッタ間電圧	Collector-emitter voltage	V_{CE}
2	ゲート・エミッタ間電圧	Gate-emitter voltage	V_{GE}
3	ゲート・エミッタ間しきい値電圧	Gate-emitter threshold voltage	$V_{GE(th)}$, $V_{GE(TO)}$
4	コレクタ・エミッタ間 サステーニング電圧	Collector-emitter sustaining voltage	$V_{CE\_(sus)}$
5	コレクタ・エミッタ間飽和電圧	Collector-emitter saturation voltage	V_{CEsat}

G.2 電流

No.	名称（和文）	名称（英文）	文字記号 [a]
1	コレクタ電流	Collector current	I_C
2	コレクタ・エミッタ間遮断電流	Collector-emitter cut-off current	$I_{CE\_}$
3	ゲート・エミッタ間漏れ電流	Gate-emitter leakage current	$I_{GE\_}$

G.3 時間

No.	名称（和文）	名称（英文）	文字記号
1	ターンオン時間	Turn-on time	t_{on}
2	ターンオン遅延時間	Turn-on delay time	$t_{d(on)}$
3	上昇時間	Rise time	t_r
4	誘導負荷ターンオン時間	Turn-on time at inductive load	t_{on}
5	誘導負荷ターンオン遅延時間	Turn-on delay time at inductive load	$t_{d(on)}$
6	誘導負荷ターンオン上昇時間	Turn-on rise time at inductive load	t_r
7	ターンオフ時間	Turn-off time	t_{off}
8	ターンオフ遅延時間	Turn-off delay time	$t_{d(off)}$
9	下降時間	Fall time	t_f
10	誘導負荷ターンオフ時間	Turn-off time at inductive load	t_{off}
11	誘導負荷ターンオフ遅延時間	Turn-off delay time at inductive load	$t_{d(off)}$
12	誘導負荷ターンオフ上昇時間	Turn-off rise time at inductive	$t_{r(off)}$
13	誘導負荷下降時間	Fall time at inductive load	t_f
14	テイル時間	Tail time	t_t

G.4 損失・熱

No.	名称（和文）	名称（英文）	文字記号
1	コレクタ損失	Collector-emitter power dissipation	P_C
2	ターンオン損失エネルギー	Turn-on SWitching energy	E_{on}
3	ターンオフ損失エネルギー	Turn-off SWitching energy	E_{off}
4	熱抵抗（接合・基準点間）	Thermal resistance junction to reference	$R_{th(j-ref)}$
5	過渡熱インピーダンス（接合・基準点間）	Transient thermal impedance junction to reference	$Z_{th(j-ref)}$
6	接合温度	Junction temperature	T_j
7	基準点温度	Reference-point temperature	T_{ref}
8	周囲温度	Ambient temperature	T_a
9	ケース温度	Case temperature	T_c
10	保存温度	Storage temperature	T_{stg}

G.5 静電容量

No.	名称（和文）	名称（英文）	文字記号
1	入力容量	Input capacitance	C_{ies}
2	帰還容量	Reverse transfer capacitance	C_{res}
3	出力容量	Output capacitance	C_{oes}

G.6 その他

No.	名称（和文）	名称（英文）	文字記号 [a]
1	ゲート静電耐量	Electrostatic gate strength	$V_{GE\_(ED)}$
2	順バイアス安全動作領域	Forward bias safe operating area	
3	逆バイアス安全動作領域	Reverse bias safe operating area	
4	短絡耐量	Short circuit current capability	

注 [a]　上表の $V_{GE\_(ED)}$ などの _ の部分には，X，R，S，O などの条件を示す文字が入る。

JEC-2405：2015

附属書 H

（参考）

JEC-2405：2015 と JEC-2405：2000（追補 1 を含む）との対応表

JEC-2405：2015 と JEC-2405：2000（追補 1 を含む）との対応表を**表 H.1** に示す。

表 H.1—JEC-2405：2015 と JEC-2405：2000（追補 1 を含む）との対応表

JEC-2405：2000（追補 1 を含む）	JEC-2405：2015	改正種別
1. 適用範囲 この規格は，半導体電力変換装置などにおいて，半導体バルブデバイスのように半導体スイッチとして使用される絶縁ゲートバイポーラトランジスタに適用する。	**1 適用範囲** この規格は，半導体電力変換装置などにおいて，半導体バルブデバイスのように半導体スイッチとして動作し，変換接続の一部又は全部として使用される絶縁ゲートバイポーラトランジスタ（3.1.6 参照）に適用する。	追記
緒言 2 の引用規格名にこの規格の規定の一部を構成しない規格も含めた文書が列記されている。	**2 引用規格** 次に掲げる規格は，この規格に引用されることによって，この規格の規定の一部を構成する。これらの引用規格は，その最新版（追補を含む。）を適用する。ただし，引用した規格の箇条番号は，次に記載する版によった。 a) **JEC-2403：1996** 逆阻止三端子サイリスタ b) **JEC-2406：2004** MOS 形電界効果パワートランジスタ c) **JEC-2410：2010** 半導体電力変換装置 以下の規格は参考文献とした。 参考文献 a) **JIS C 0617-5** 電気用図記号 b) **JIS Z 8203：1985** 国際単位系（SI）及びその使い方 c) **JIS C 60721-2-3：1997** 環境条件の分類 自然環境の条件－気圧 d) **JEITA ED-4701/100A** 半導体デバイスの環境及び耐久試験方法（寿命試験 I）及び **JEITA ED-4701/600** 半導体デバイスの環境及び耐久試験方法（個別半導体特有の試験） e) **JEITA ED-4562A：2000** 絶縁ゲートパワートランジスタの定格・特性及び試験方法 f) **IEC 60747-2：2000** Semiconductor devices - Discrete devices -Part 2：Rectifier Diodes g) **IEC 60747-8：2010** Semiconductor devices - Discrete devices -Part 8：Field-effect transistors h) **IEC 60747-9：2007** Semiconductor devices - Part 9：Insulated-gate bipolar transistors (IGBTs) i) **IEC 60146-1-1** Semiconducor converters/General requirements and line commutated converters Part 1-1：Specification of basic requirements	新規
2.1.6 絶縁ゲートバイポーラトランジスタ	**3.1.6** 絶縁ゲートバイポーラトランジスタ IGBT の図記号を **JIS C 60617-5** では(i)の記号を定めているが，**IEC 60747-9** で許容されたとおり，この規格では(ii)の図記号を試験回路に使用する。	追記

2.2.11 コレクタ損 [失] コレクタ・エミッタ間で消費される電力。	**3.2.13** コレクタ損失 コレクタ・エミッタ間で消費される電力 (W)。 **注記**　電力は電流による単位時間あたりの仕事であり，単位はワット (W) で表示される。消費エネルギー量又は損失エネルギー量 (J) が，短時間当たりのパルス積分電力量 (J) である。	追記
2.2.24 スイッチング時間 ゲート・エミッタ間電圧をステップ的に上昇又は降下させて IGBT をターンオン又はターンオフさせるときのコレクタ電流及びコレクタ・エミッタ間電圧の過渡応答時間。 抵抗負荷の場合，ターンオン時にはターンオン遅延時間，上昇時間及びターンオン時間が，ターンオフ時にはターンオフ遅延時間，下降時間，及びターンオフ時間がある。誘導負荷の場合はターンオフ時が異なり，誘導負荷遅延時間，誘導負荷上昇時間，誘導負荷下降時間，テイル時間，クロスオーバ時間及び誘導負荷ターンオフ時間がある。	**3.2.27** スイッチング時間 ゲート・エミッタ間電圧をステップ的に上昇又は降下させて IGBT を遮断領域から飽和領域又は飽和領域から遮断領域に移行させるときの，コレクタ電流及びコレクタ・エミッタ間電圧の過渡応答時間。 個々の時間特性の記述は用語の定義からは除外して，**5.5** 電気的特性の **5.5.11** 抵抗負荷スイッチング時間及び **5.5.12** 誘導負荷スイッチング時間の下の記述に移行。	改正
(c)ターンオン時間 (t_{on}) ゲート・エミッタ間電圧が順バイアス電圧最大振幅の 10 % に上昇した時点から，コレクタ・エミッタ間電圧が最大振幅の 10 % に降下するまでの時間。 $$t_{on} = t_{d(on)} + t_r$$	**3.2.28** ターンオン時間 ゲート・エミッタ間電圧を逆バイアスされた状態から順バイアス状態に移行させて，遮断領域から飽和領域に移行するときの過渡状態の時間。 **注記**　この時間の始点と終点の規定が抵抗負荷による試験と誘導負荷による試験とでは異なるので，注意が必要である（**附属書 A** の**図 A.2** 及び **6.4.12** の**図 27** を参照）。	改正
(f)ターンオフ時間 (t_{off}) ゲート・エミッタ間電圧が順バイアス電圧最大振幅の 90 % に降下した時点から，コレクタ・エミッタ間電圧が最大振幅の 90 % に上昇するまでの時間。 $$t_{off} = t_{d(off)} + t_f$$	**3.2.29** ターンオフ時間 ゲート・エミッタ間電圧を順バイアスされた状態から逆バイアス状態に移行させて，飽和領域から遮断領域に移行するときの過渡状態の時間。 **注記**　抵抗負荷スイッチング条件動作と誘導負荷スイッチング条件動作とでは上記のように指定の時間が異なるので，ここでは，遅延時間，上昇時間，下降時間などの時間の指定についての記述は省略する。	改正
2.2.25 スイッチング損 [失] IGBT がターンオン又はターンオフする際に消費される損失エネルギーであって，コレクタ損失の時間積分値。	**3.2.30** スイッチング損失 ターンオン又はターンオフする際にコレクタ・エミッタ間で消費される電力 (W)。 **注記**　ターンオン又はターンオフする際に消費される電力であり，単位はワット (W) で表示される。コレクタ損失の時間積分量とは異なる。	改正
	3.2.31 スイッチング損失エネルギー ターンオン又はターンオフする際に消費される損失エネルギーであり，スイッチング損失の時間積分値 (J)。	新規
(1)ターンオン損 [失] エネルギー コレクタ電流が最大振幅の 10 % に増加した時点から，コレクタ・エミッタ間電圧が最大振幅の 2 % に降下するまでの間に発生するコレクタ損失の積分値。	**3.2.32** ターンオン損失エネルギー ゲート・エミッタ間電圧を逆バイアス又はゼロバイアスされた状態から順バイアス状態に移行させて，遮断領域から飽和領域に移行させる間の過渡状態のコレクタ損失の積分値 (J)。	改正

(2)ターンオフ損［失］エネルギー ゲート・エミッタ間電圧が90％に降下した時点から，コレクタ電流が最大振幅の2％に減少するまでの間に発生するコレクタ損失の積分値。	**3.2.33** ターンオフ損失エネルギー ゲート・エミッタ間電圧を順バイアス状態から逆バイアス又はゼロバイアス状態に移行させて，飽和領域から遮断領域に移行させる間の過渡状態のコレクタ損失の積分値 (J)。	改正
3. 使用状態 **JEC-2410**（半導体電力変換装置）**3.1** 常規使用状態による。	**4** 使用状態 改正された **JEC-2410：2010**（半導体電力変換装置）の **3.1**（常規使用状態）及び **3.2**（特殊使用状態）による。	改正
	4.1 常規使用状態 屋内で使用される半導体電力変換装置の使用状態，すなわち "日間平均空気温度が 30 ℃以下で，年間平均空気温度が 25 ℃以下 [7]，周囲空気の相対湿度が最低 15 ％から最高 85 ％までの条件下" での使用状態（**JEC-2410：2010** の **3.1** 参照）。 注 [7]　改正前の **JEC-2410：1998** では日間平均空気温度が 35 ℃以下，年間平均空気温度が 20 ℃以下であったが，**JEC-2410：2010** に合わせて 30 ℃以下，25 ℃以下に改正する。	新規
	4.2 特殊使用状態 この規格の対象とする半導体デバイスは屋外に設置される装置，屋外を移動する鉄道車両・自動車に搭載される機器，携帯用機器などのように屋外用途を含む多様な機器の電力変換回路部に使用される。これらの用途では，上記の常規使用状態の範囲を超えた特殊使用状態（環境条件）に即した仕様を満足することがデバイスの使用者から求められる場合がある。 **JEC-2410：2010** では，この特殊使用状態の例を下記のように列記している。ここでは，列記を省略する。	新規
4.1 定格・特性 IGBT の定格・特性及び規定する項目を**表1**に示す。	**5.1** 定格・特性及び規定項目 誘導負荷用途に使用される IGBT の定格・特性及び規定する項目を**表1**に示す。 ストロボ光源用やインダクタンス成分が無視できる抵抗負荷回路に使用される IGBT の定格・特性及び試験方法は**附属書A**に記述する。	改正
表1　IGBT の定格・特性及び規定する項目	**表1**—誘導負荷用途に使用される IGBT の定格・特性及び規定する項目 誘導負荷スイッチング時間の内訳時間を特性項目に追加。	改正
4.5.5 最大入力容量	**5.5.6** 入力容量，記述を **JEC-2406：2004** の **4.5.8** に従った記述に改正。	改正
4.5.6 最大帰還容量	**5.5.7** 帰還容量，記述を **JEC-2406：2004** の **4.5.9** に従った記述に改正。	改正
4.5.7 最大出力容量	**5.5.8** 出力容量，記述を **JEC-2406：2004** の **4 4.5.10** に従った記述に改正。	改正
	5.5.11 抵抗負荷スイッチング時間及びスイッチング損失エネルギー	新規
	5.5.11.1 抵抗負荷ターンオフ遅延時間 $t_{d(on)}$	新規
	5.5.11.2 抵抗負荷ターンオン上昇時間 t_r	新規
	5.5.11.3 抵抗負荷ターンオン時間 t_{on}	新規
	5.5.11.4 抵抗負荷ターンオフ遅延時間 $t_{d(off)}$	新規

	5.5.11.5 抵抗負荷ターンオフ下降時間 t_f	新規
	5.5.11.6 抵抗負荷ターンオフ時間 t_off	新規
	5.5.11.7 抵抗負荷ターンオン損失エネルギー E_on	新規
	5.5.11.8 抵抗負荷ターンオフ損失エネルギー E_off	新規
	5.5.12 誘導負荷スイッチング時間及びスイッチング損失エネルギー	新規
	5.5.12.1 誘導負荷ターンオン遅延時間 $t_\mathrm{d(on)}$	新規
	5.5.12.2 誘導負荷ターンオン上昇時間 t_r	新規
	5.5.12.3 誘導負荷ターンオン時間 t_on	新規
	5.5.12.4 誘導負荷ターンオフ遅延時間 $t_\mathrm{d(off)}$	新規
	5.5.12.5 誘導負荷ターンオフ下降時間 t_f	新規
	5.5.12.6 誘導負荷ターンオフ時間 t_off	新規
	5.5.12.7 テイル時間 t_t	新規
4.5.9A 最大ターンオン 損［失］エネルギー 指定の基準点温度，指定のコレクタ条件，および指定のゲート・エミッタ間条件におけるターンオン損［失］エネルギーの最大値。コレクタ条件は，コレクタ・エミッタ間の電源電圧，およびコレクタ電流又は負荷電流（負荷のインダクタンス）で与える。	**5.5.12.8** 誘導負荷ターンオン損失エネルギー E_on 指定の基準点温度，指定のコレクタ・エミッタ間電圧,指定のゲート・エミッタ間条件及び指定のコレクタ電流を通電する誘導負荷条件でのターンオン過程において，ゲート・エミッタ間電圧が指定された順バイアス電圧の10％に上昇した時点から，コレクタ・エミッタ間電圧が最大振幅の2％に降下するまでの時間のコレクタ電流とコレクタ・エミッタ間電圧の瞬時値の積の時間積分値であるターンオン損失エネルギーの代表値。	改正
4.5.9B 最大ターンオフ 損［失］エネルギー 指定の基準点温度，指定のコレクタ条件，および指定のゲート・エミッタ間条件におけるターンオフ損［失］エネルギーの最大値。コレクタ条件は，コレクタ・エミッタ間の電源電圧，およびコレクタ電流又は負荷電流（負荷のインダクタンス）で与える。	**5.5.12.9** 誘導負荷ターンオフ損失エネルギー E_off 指定の基準点温度，指定のコレクタ・エミッタ間電圧,指定のゲート・エミッタ間条件及び指定のコレクタ電流を通電する誘導負荷条件でのターンオフ過程において，ゲート・エミッタ間電圧が指定された順バイアス電圧の90％に降下した時点から，コレクタ電流が最大振幅の2％に降下するまでの時間のコレクタ電流とコレクタ・エミッタ間電圧の瞬時値の積の時間積分値であるターンオフ損失エネルギーの代表値。	改正
	6.1.4 試験の記録 （**JEC-2406**，**5.1.5** を参照）	新規
	6.1.5 取扱いの注意事項 （**JEC-2406**，**5.1.6** を参照）	新規
5.2 試験項目	**6.2** 試験項目 **表7**—電気的耐久試験項目及び試験の種類	新規
5.3 電気的定格試験	**6.3** 電気的定格試験 **表8**—IGBT の定格試験後の合格判定基準	新規
5.4.5 入力容量試験	**6.4.6** 入力容量試験回路と試験方法を改正	改正
5.4.6 帰還容量試験	**6.4.7** 帰還容量試験回路と試験方法を改正	改正
5.4.7 出力容量試験	**6.4.8** 出力容量試験回路と試験方法を改正	改正
5.4.9 誘導負荷スイッチング試験	**6.4.12** 誘導負荷スイッチング試験 誘導負荷スイッチング時間及びスイッチング損失エネルギー試験を **IEC 60747-9：2007** の **6.3.11** 及び **6.3.12** の誘導負荷スイッチング特性及びスイッチング損失エネルギーの測定法に従って改正。	改正

(1)ターンオン時間試験及びターンオン損［失］エネルギー試験	**6.4.12.1** 誘導負荷ターンオン時間試験及び誘導負荷ターンオン損失エネルギー試験 誘導負荷ターンオン時間及びターンオン損失エネルギー試験時の動作波形及び時間間隔を **IEC 60747-9** の定義に従って改正。	改正
(2)ターンオフ時間試験及びターンオフ損［失］エネルギー試験	**6.4.12.2** 誘導負荷ターンオフ時間試験及び誘導負荷ターンオフ損失エネルギー試験· 誘導負荷ターンオフ時間及びターンオフ損失エネルギー試験時の動作波形及び時間間隔を **IEC 60747-9** の定義に従って改正。	改正
	6.6 電気的耐久性試験 **JEC-2406：2004** 及び **IEC 60747-9：2007** の規定に準拠して**表9**を追加 **表9**—IGBT の耐久性試験後の合格判定基準	新規
	6.6.1 高温逆バイアス試験	新規
	6.6.2 高温ゲートバイアス試験	新規
	6.6.3 断続動作寿命試験（方式 A）	新規
	6.6.4 断続動作寿命試験（方式 B）	新規
	（方式 A）及び（方式 B）の記述の中で以下の記述は**附属書 D** の記述とする。 期待寿命回数と温度上昇 ΔT_j との関係は断続動作サイクル数と DUT の接合温度変化幅とに依存して異なるので，推奨領域図を**附属書 D** 内に例示する。	新規
	附属書 D 断続動作寿命試験の断続動作サイクル数と接合温度変化幅の推奨動作領域	新規
	附属書 H JEC-2405：2015 と **JEC-2405 Ed.1**（**追補 1** を含む）との対応表 **表 H.1**—**JEC-2405：2015** と **JEC-2405 Ed.1**（**追補 1** を含む）との対応表	新規
	参考文献 **JIS C 0617-5** 電気用図記号 **JIS Z 8203：1985** 国際単位系（**SI**）及びその使い方 **JIS C 60721-2-3：1997** 環境条件の分類 自然環境の条件－気圧 **JEITA ED-4701/XXX** 半導体デバイスの環境及び耐久試験方法 **JEITA ED-4562A：2000** 絶縁ゲートパワートランジスタの定格・特性及び試験方法 **IEC 60747-2：2000** Semiconductor devices‐Discrete devices‐Part 2: Rectifier Diodes **IEC 60747-8：2010** Semiconductor devices‐Discrete devices‐Part 8: Field-effect transistors **IEC 60747-9：2007** Semiconductor devices‐Part 9: Insulated-gate bipolar transistors (IGBTs) **EC 60146-1-1** Semiconducor converters / General requirements and line commutated converters Part 1／1: Specification of basic requirements	新規

参考文献

JIS C 0617－5	電気用図記号－第5部：半導体及び電子管
JIS Z 8203：1985	国際単位系 (SI) 及びその使い方
JIS C 60721-2-3：1997	環境条件の分類 自然環境の条件－気圧
JEITA ED-4701/100A	半導体デバイスの環境及び耐久試験方法（寿命試験 I）
JEITA ED-4701/600	半導体デバイスの環境及び耐久試験方法（個別半導体特有の試験）
JEITA ED-4562A：2000	絶縁ゲートパワートランジスタの定格・特性及び試験方法
IEC 60747-2：2000	Semiconductor devices - Discrete devices -Part 2：Rectifier Diodes
IEC 60747-8：2010	Semiconductor devices - Discrete devices -Part 8：Field-effect transistors
IEC 60747-9：2007	Semiconductor devices - Discrete -Part 9：Insulated-gate bipolar transistors (IGBTs)
IEC 60146-1-1	Semiconductor converters - General requirements and line commutated converters Part 1-1：Specification of basic requirements

JEC-2405：2015

絶縁ゲートバイポーラトランジスタ

解説

この解説は，本体及び附属書に規定・記載した事柄，並びにこれらに関連した事柄を説明するもので，規格の一部ではない。

1 制定・改正の趣旨及び経緯

1.1 （JEC-2405：2000）制定の趣旨

絶縁ゲートバイポーラトランジスタが広く使用されるようになり，規格整備が求められるようになった。

本規格は，変換装置標準特別委員会電力用トランジスタ小委員会（当時）において平成9年10月に制定案作成に着手し，慎重審議の結果，平成12年9月25日に電気規格調査会委員総会の承認を得て制定されたものである。

本規格の要旨は以下のとおりである。

（1） 半導体電力変換装置などにおいてスイッチング用に使用される絶縁ゲートバイポーラトランジスタを対象として規格を制定した。

（2） EIAJ ED-4562，IEC 60747-7 および IEC 6074-9 を参考にした。

1.2 （JEC-2405：2000 追補 1：2006-01）部分改正の経緯と趣旨

本規格は 2000 年に制定された。これに対して現在 IEC では対応 IEC 規格 IEC 60747-9 の審議中である。このため JEC 規格としても特に必要な点を追補としてまとめることにした。

本規格の原案は，パワーエレクトロニクス標準化委員会が作成し，2006 年 11 月 30 日に電気規格調査会委員総会の承認を経て制定された。

1.3 今回（2015 年）の改正の経緯と趣旨

JEC-2405：2000 の制定時に参考とした規格の中でこの JEC が参考にした EIAJ ED-4562「絶縁ゲートパワートランジスタの定格・特性及び試験方法」及び「IEC 60747-9：Insulated-gate bipolar transistors (IGBTs)」の制定・改正の経緯を次の表に示す。

今回の改正の趣旨は 2007 年に発行された IEC 60747-9：Ed.2 及び JEC-2406：2004 (MOS 形電界効果パワートランジスタ：MOSFET) と共通する特性及び試験法の整合化である。

表—国内及び IEC の絶縁ゲートバイポーラトランジスタ規格の制定と改正の推移

	1990	1995	1999/2000	2001	2004	2007	2015
EIAJ/JEITA	Ed.1		Ed.2				改正中
IEC		Ed.1		Ed.1.1		Ed.2	
JEC			Ed1		追補 1		*Ed.2
EIAJ/JEITA：ED-4562/ED-4562A，IEC：IEC 60747-9：Ed.1，Ed.1.1 (Ed.1＋am1＋am2)，Ed.2 JEC：JEC-2405：2000 (Ed.1)，Ed.1 の追補 1(2004)，JEC-2405：2015 (Ed.2* この制定案)							

2 主な改正点

JEC-2405：2000 に対する改正点を以下に示す。

a) JEC-2405：2000 追補 1 の記述の反映
b) 5 定格・特性及び 6 試験の記述の中で，下記の記述の改正及び記述の導入
    1) 5.5.6 入力（静電）容量，5.5.7 帰還（静電）容量，5.5.8 出力（静電）容量の記述を JEC-2406：2004 の 4.5.8，4.5.9，4.5.10 に準拠した記述に改正
    2) 6.4.12.1 ターンオン時間及びターンオン損失エネルギー試験，6.4.12.2 ターンオフ時間及びターンオフ損失 エネルギー試験の記述を IEC 60747-9：2007 の 6.3.11 及び 6.3.12 のスイッチング特性及びスイッチング損失エネルギー測定の記述に準拠した記述に改正
    3) 6.4.6 入力（静電）容量試験，6.4.7 帰還（静電）容量試験，6.4.8 出力（静電）容量試験の記述を JEC-2406：2004 の 5.4.6，5.4.7，5.4.8 に準拠した記述に改正
    4) JEC-2410：2010（半導体電力変換装置）で半導体デバイスに共通な部分の記述を 4 使用状態に導入
    5) JEC-2406：2004 の 5.6 及び IEC 60747-9：2007 の記述に準拠した電気的耐久試験に関する記述の導入
    6) 附属書 H（参考）に JEC-2405 Ed.2 と JEC-2405 Ed.1（追補 1 を含む）との対応表の導入
c) 2012 年に改正された "JEC 規格票の様式" の採用

3 IEC 規格との相違点，審議中に特に問題となった事項

3.1 審議中に特に問題となった事項

今回の JEC-2405：2015 の制定（改正）審議で問題となった主な事項は，次のとおりである。

IEC 60747-9：2007 のスイッチング特性及びスイッチング損失エネルギー測定に関する記述との整合化

JEC-2406：2004 及び IEC 60747-9：2007 の記述に準拠した電気的耐久試験に関する記述との整合化

この規格では，IGBT の使用者と供給者双方の利便を考慮した記述とした。

3.2 IEC 規格との相違点

この JEC 規格は，2007 年 9 月に発行された IEC 60747-9 Semiconductor devices - Discrete devices - Part 9：Insulated-gate bipolar transistors（IGBTs）に準拠しているが，IEC 規格の翻訳ではない。両規格の主な相違点を解説表 1 に示す。

なお，IEC 規格（IEC 60747-9 Ed.2）と JEC-2405：2015 の間で相違が無い規格項目は解説表 1 の記述の対象外の扱いとした。

解説表 1—対応 IEC 規格との主な相違点

IEC 規格（IEC 60747-9 Ed.2）	JEC-2405：2015	相違点
規 格 名 称：Insulated-gate bipolar transistors（IGBTs）	規格名称：絶縁ゲートバイポーラトランジスタ 3.1.6 絶縁ゲートバイポーラトランジスタ の本文に "本規格では，IGBT（Insulated Gate Bipolar Transistor）と呼ぶ。" と記述。	和文化
1 Scope This part of IEC 60747 gives product specific standards for terminology, letter symbols, essential ratings and characteristics, verification of ratings and methods of measurement for insulated-gate bipolar transistors（IGBTs）.	1 適用範囲 この規格は，半導体電力変換装置などにおいて，半導体バルブデバイスのように半導体スイッチとして動作し，変換接続の一部又は全部として使用される絶縁ゲートバイポーラトランジスタ（3.1.6 参照）に適用する。	独自規定

74

JEC-2405：2015　**解説**

2 Normative references	**2** 引用規格 この規格の本体の記述の中で従っている規格だけを引用規格とした。準拠している規格。文献などは参考文献の箇条に列記。	独自規定
	3 用語及び定義 **3.2** 特性・性能 **3.2.1** 遮断領域又は状態，**3.2.2** 能動領域又は状態 **3.2.3** 飽和領域又は状態 **図2** 絶縁ゲートバイポーラトランジスタの電圧－電流特性 **3.2.4** ラッチング動作又は状態 **3.2.5** 順バイアス状態，**3.2.6** 逆バイアス状態	独自規定
	3.2.13 コレクタ損失 コレクタ・エミッタ間で消費される電力（W）。 **注記**　電力は電流による単位時間当たりの仕事であり，単位はワット（W）表示でされる。消費エネルギー量又は損失エネルギー量（J）が短時間当たりのパルス積分電力量（J）である。	独自規定
	3.2.27 スイッチング時間 ゲート・エミッタ間電圧をステップ的に上昇又は降下させて IGBT を遮断領域から飽和領域あるいは飽和領域から遮断領域に移行させるときのコレクタ電流及びコレクタ・エミッタ間電圧の過渡応答時間。	独自規定
	3.2.30 スイッチング損失 ターンオン又はターンオフする際にコレクタ・エミッタ間で消費される電力（W）。 **注記4**　ターンオン又はターンオフする際に消費される電力（ワット）であり，W で表示される。コレクタ損失の時間積分量の総称とは異なる。	独自規定
	4 使用状態 改正された **JEC-2410：2010**（半導体電力変換装置）の **3.1**（常規使用状態）及び **3.2**（特殊使用状態）による。	独自規定
5.1.16 Maximum terminal current (I_{tRMS}) (where appropriate) Maximum r.m.s. value of the current through the main terminal.		削除
	5.3.4 定格ゲート静電耐量 指定の基準点温度及び指定のコレクタ・エミッタ間条件において，指定のコンデンサを充電して，極性を正・負に切り換えて指定の回数，指定の抵抗を介してゲート端子に加えることができるコンデンサ充電電圧。	独自規定
	5.4 温度定格 **5.4.1**［見掛けの］定格接合温度 **a)**　定格最高接合温度　電気的定格が保証された最高の接合温度。 **b)**　定格最低接合温度　電気的定格が保証された最低の接合温度。 **5.4.2** 定格保存温度 **a)**　定格最高保存温度　保存時に許容された最高温度。 **b)**　定格最低保存温度　保存時に許容された最低温度。	独自規定

5.1.17 Mounting force (F) Maximum and minimum values, where appropriate. **5.1.18** Mounting torque (M) Maximum and minimum values, where appropriate.	**5.7 機械的定格** 機械的定格は，**表3**に示すようなIGBTの外形及び端子構造の種類によって適用する定格項目が異なる。 **表3** 各種IGBTの外形による分類 **5.7.1** 端子に関する強度定格 端子に関する強度定格は，端子構造の種類によって**表4**に示す強度を規定する。 **表4** 端子構造の種類と適用する定格項目との関係 **5.7.2** 取付けに関する強度定格 取付けに関する強度定格は，外形の種類によって**表5**に示す強度を規定する。 **表5** 外形の種類と適用する定格項目との関係	独自規定
	6.1.4 試験の記録（**JEC-2406**，**5.1.5**を参照）	独自規定
	6.1.5 取扱いの注意事項（**JEC-2406**，**5.1.6**を参照）	独自規定
	6.3.4 ゲート静電耐量試験	独自規定
	7. 表示	独自規定
	附属書A（規定）抵抗負荷スイッチング試験	独自規定
Annex B (normative) Measuring method for inductive load turn-off current under specified conditions		削除
7.2.5.3 Intermittent operation life (load cycles) Figure 35 – Expected number of cycles versus temperature rise ΔT_{vj}	**附属書D**（参考） 断続動作寿命試験の断続動作サイクル数と接合温度変化幅の推奨動作領域 **図D** 断続動作サイクル数とDUTの接合温度変化幅の推奨動作領域	独自規定
Annex D (normative) Case non-rupture		削除
	附属書E（参考）冷却方式の種類とその定義	独自規定
	附属書F（参考）電気用図記号と文字記号	独自規定

4 適用範囲

逆阻止形，逆導通形など**IEC 60747-9：2007**に記述がないデバイスタイプについては，**JEITA**で見直し中の**JEITA ED-4562A：2000**（絶縁ゲートパワートランジスタの定格・特性及び試験方法）の改正後に追加を検討する。

5 各構成要素の内容

この規格の本体の記述の中で従っている規格だけを引用規格とした。準拠している規格，文献などは参考文献の箇条に列記した。

6 懸案事項

今回の制定（改正）に当たって懸案事項として残された事項は，上記の**4**適用範囲に記載した検討課題である。

JEC-2405：2015　解説

7　標準特別委員会名及び名簿

パワー半導体モジュール標準特別委員会

委　員　長	竹内　　南		委　　　員	齋藤　隆一	（日立製作所）
幹　　　事	滝沢　聡毅	（富士電機）	同	田所　雄一	（東　芝）
委　　　員	安達　和広	（パナソニック）	同	福田　典子	（鉄道総合技術研究所）
同	石井　一史	（SC47E/WG3国内小委員会：三菱電機）	同	宮下　秀仁	（SC47E/WG3国内小委員会：富士電機）
同	大角　一成	（システムソリューションズ）	同	森田　一樹	（日本インター）
同	緒方　修二	（関西電力）	同	山田　真一	（明電舎）
同	金井　丈雄	（東芝三菱電機産業システム）	同	渡邉　朝紀	（東京工業大学）
同	木村　暢達	（日立製作所）	退任委員	久保田　裕	（三洋半導体）
同	近藤　靖	（富士電機）	同	西谷　和展	（東　芝）

8　標準化委員会名及び名簿

パワーエレクトロニクス標準化委員会

委　員　長	林　　洋一	（青山学院大学）	委　　　員	佐藤　之彦	（千葉大学）
幹　　　事	唐鎌　敏夫	（明電舎）	同	清水　敏久	（首都大学）
同	佐藤　芳信	（富士電機）	同	守随　治道	（京三製作所）
同	吉野　輝雄	（東芝三菱電機産業システム）	同	竹内　南	
委　　　員	赤木　泰文	（東京工業大学）	同	田辺　茂	（津山工業高等専門学校）
同	浅野　勝則	（関西電力）	同	相崎　哲成	（相模鉄道）
同	阿部　倫也	（日本電機工業会）	同	二宮　保	（アジア成長研究所）
同	天野　功	（富士電機）	同	根本　健一	（新電元工業）
同	石本　孔律	（GSユアサ）	同	林屋　均	（東日本旅客鉄道）
同	井山　治	（サンケン電気）	同	廣瀬　圭一	（NTTファシリティーズ）
同	奥井　明伸	（鉄道総合技術研究所）	同	深尾　正	
同	河村　篤男	（横浜国立大学）	同	藤岡　慎太郎	（東京電力）
同	金　東海	（工学教育研究所）	同	松岡　孝一	（東　芝）
同	栗尾　信広	（日新電機）	同	松瀬　貢規	（明治大学）
同	坂井　一夫	（オリジン電気）	同	宮部　隆明	（日立製作所）
同	境　武久	（電源開発）	同	森　治義	（三菱電機）
同	佐竹　彰	（三菱電機）	同	山下　暢彦	（NTT環境エネルギー研究所）

9　部会名及び名簿

パワーエレクトロニクス部会

部　会　長	林　　洋一	（青山学院大学）	委　　　員	佐竹　彰	（三菱電機）
副部会長	吉野　輝雄	（東芝三菱電機産業システム）	同	清水　敏久	（首都大学）
幹　　　事	唐鎌　敏夫	（明電舎）	同	竹内　南	
同	佐藤　芳信	（富士電機）	同	田辺　茂	（津山工業高等専門学校）
委　　　員	赤木　泰文	（東京工業大学）	同	二宮　保	（アジア成長研究所）
同	阿部　倫也	（日本電機工業会）	同	林屋　均	（東日本旅客鉄道）
同	境　武久	（電源開発）	同	廣瀬　圭一	（NTTファシリティーズ）

委　　員　松瀬　貢規　（明治大学）　　　　　　委　　員　宮部　隆明　（日立製作所）

10　電気規格調査会

会　　長　大木　義路　（早稲田大学）
副　会　長　塩原　亮一　（日立製作所）
　　同　　　清水　敏久　（首都大学東京）
理　　事　伊藤　和雄　（電源開発）
　　同　　　井村　肇　（関西電力）
　　同　　　岩本　佐利　（日本電機工業会）
　　同　　　太田　浩　（東京電力）
　　同　　　勝山　実　（東芝）
　　同　　　金子　英治　（琉球大学）
　　同　　　炭谷　憲作　（明電舎）
　　同　　　土屋　信一　（エクシム）
　　同　　　藤井　治　（日本ガイシ）
　　同　　　三木　一郎　（明治大学）
　　同　　　八木　裕治郎　（富士電機）
　　同　　　八島　政史　（電力中央研究所）
　　同　　　山野　芳昭　（千葉大学）
　　同　　　山本　俊二　（三菱電機）
　　同　　　吉野　輝雄　（東芝三菱電機産業システム）
　　同　　　和田　俊朗　（電源開発）
　　同　　　大山　力　（学会研究調査担当副会長）
　　同　　　中本　哲哉　（学会研究調査担当理事）
　　同　　　酒井　祐之　（学会専務理事）
2号委員　奥村　浩士　（元京都大学）
　　同　　　斎藤　浩海　（東北大学）
　　同　　　塩野　光弘　（日本大学）
　　同　　　汗部　哲夫　（経済産業省）
　　同　　　井相田益弘　（国土交通省）
　　同　　　大和田野芳郎　（産業技術総合研究所）
　　同　　　高橋　紹大　（電力中央研究所）
　　同　　　上野　昌裕　（北海道電力）
　　同　　　春浪　隆夫　（東北電力）
　　同　　　水野　弘一　（北陸電力）
　　同　　　仰木　一郎　（中部電力）
　　同　　　水津　卓也　（中国電力）
　　同　　　川原　央　（四国電力）
　　同　　　新開　明彦　（九州電力）
　　同　　　市村　泰規　（日本原子力発電）

2号委員　留岡　正男　（東京地下鉄）
　　同　　　山本　康裕　（東日本旅客鉄道）
　　同　　　石井　登　（古河電気工業）
　　同　　　出野　市郎　（日本電設工業）
　　同　　　小黒　龍一　（ニッキ）
　　同　　　筒井　幸雄　（安川電機）
　　同　　　堀越　和彦　（日新電機）
　　同　　　松村　基史　（富士電機）
　　同　　　吉沢　一郎　（新日鐵住金）
　　同　　　吉田　学　（フジクラ）
　　同　　　荒川　嘉孝　（日本電気協会）
　　同　　　内橋　聖明　（日本照明工業会）
　　同　　　加曽利久夫　（日本電気計器検定所）
　　同　　　高坂　秀世　（日本電線工業会）
　　同　　　島村　正彦　（日本電気計測器工業会）
3号委員　小野　靖　（電気専門用語）
　　同　　　手塚　政俊　（電力量計）
　　同　　　佐藤　賢　（計器用変成器）
　　同　　　伊藤　和雄　（電力用通信）
　　同　　　小山　博史　（計測安全）
　　同　　　金子　晋久　（電磁計測）
　　同　　　前田　隆文　（保護リレー装置）
　　同　　　合田　忠弘　（スマートグリッドユーザインタフェース）
　　同　　　澤　孝一郎　（回転機）
　　同　　　白坂　行康　（電力用変圧器）
　　同　　　松村　年郎　（開閉装置）
　　同　　　河本　康太郎　（産業用電気加熱）
　　同　　　合田　豊　（ヒューズ）
　　同　　　村岡　隆　（電力用コンデンサ）
　　同　　　石崎　義弘　（避雷器）
　　同　　　清水　敏久　（パワーエレクトロニクス）
　　同　　　廣瀬　圭一　（安定化電源）
　　同　　　田辺　茂　（送配電用パワーエレクトロニクス）
　　同　　　千葉　明　（可変速駆動システム）
　　同　　　森　治義　（無停電電源システム）
　　同　　　和田　俊朗　（水車）
　　同　　　和田　俊朗　（海洋エネルギー変換器）

3 号委員	日髙	邦彦	（UHV国際）	3 号委員	佐藤	育子	（活線作業用工具・設備）
同	横山	明彦	（標準電圧）	同	境	武久	（高電圧直流送電システム）
同	坂本	雄吉	（架空送電線路）	同	山野	芳昭	（電気材料）
同	日髙	邦彦	（絶縁協調）	同	土屋	信一	（電線・ケーブル）
同	高須	和彦	（がいし）	同	渋谷	昇	（電磁両立性）
同	池田	久利	（高電圧試験方法）	同	多氣	昌生	（人体ばく露に関する電界，磁界及び電磁界の評価方法）
同	小林	昭夫	（短絡電流）				

©電気学会電気規格調査会 2016

電気学会 電気規格調査会標準規格

JEC-2405：2015

絶縁ゲートバイポーラトランジスタ

2016年 5月20日　第1版第1刷発行

編　者　電気学会電気規格調査会
発行者　田 中 久 米 四 郎

発 行 所
株式会社 電 気 書 院
ホームページ　www.denkishoin.co.jp
（振替口座　00190-5-18837）
〒101-0051　東京都千代田区神田神保町1-3ミヤタビル2F
電話(03)5259-9160／FAX(03)5259-9162

印刷　互恵印刷株式会社
Printed in Japan／ISBN978-4-485-98982-1